母语
课堂
——
Muyu Ketang

母语

· 薛瑞萍母语课堂 ·

薛瑞萍 —— 著

在家读诗

江西教育出版社
JIANGXI EDUCATION PUBLISHING HOUSE
· 南昌 ·

图书在版编目 (CIP) 数据

在家读诗 / 薛瑞萍著 . –– 南昌 : 江西教育出版社,
2022.8
（薛瑞萍母语课堂）
ISBN 978-7-5705-3112-7

Ⅰ . ①在… Ⅱ . ①薛… Ⅲ . ①阅读课 – 小学 – 教学参
考资料 Ⅳ . ① G623.233

中国版本图书馆 CIP 数据核字 (2022) 第 104316 号

在家读诗
ZAIJIA DU SHI

薛瑞萍　著

江西教育出版社出版
（南昌市抚河北路 291 号　　邮编：330008）
各地新华书店经销
江西千叶彩印有限公司印刷
开本 700 毫米 ×1000 毫米　　1/16　　印张 12　　字数 135 千字
2022 年 8 月第 1 版　　2022 年 8 月第 1 次印刷
ISBN 978-7-5705-3112-7
定价：36.00 元

赣教版图书如有印装质量问题，请向我社调换 电话：0791-86710427
投稿邮箱：JXJYCBS@163.com　　电话：0791-86705643
网址：http://www.jxeph.com

赣版权登字 -02-2022-254

总序

Zongxu

他饮食珍贵的文字

他的精神变得强壮

他不觉得贫困

也再不感到沮丧

他跳着舞过黯淡的日子

使他飞翔的只是一本书

能有多么大的自由

精神摆脱了束缚

把世界带进教室

一

    "母语课堂"丛书初版于2016年。这次修订再版，将《诵读课》《吟诵课》更换为《薛瑞萍教学设计与实录》和《在家读诗》。如此，这套书就成为连续四届——连续17年的学习与工作记录。编辑希望我做一个说明，于是有了这一个总序、这段再回首。

二

    遥想1997年暑假，第一次参加继续教育培训。一日上午，全科教师集中于合肥师范学校礼堂上大课。七八百名学员，齐聚一堂；

没有空调的会场，热浪滚滚。

啊！那真是一个宽松、浪漫而野蛮生长的神奇年代。我怀念，我赞美！就在我满怀敬意的注视与谛听中，台上那位可敬的省教研员，她一边擦汗，一边声嘶力竭地讲着。坐在后排的我，隔着滚滚热浪听见——越来越清晰地听见：

"……基础教育课程改革，试验……新课标，征集意见……教材只是个例子。教师和学生是平等的，师生与教材也是平等的。教师有权利对教材提出质疑，有责任引导学生在课堂上围绕教材展开讨论，并将其他丰富、优质的学习材料引进课堂。学生的大脑不是容器。他们需要的不是填充，而是激活和点燃……"

当时坐在后排的我，既想撇嘴，又想大笑；既想鼓掌，又想握手！教育本该如此！而我，一直都是朝这个方向努力的。只是没有得到过如此明晰、如此有力的引导，如此明晰、如此有力的支持。那一刻，是我职业生涯中的重要时刻。那年我32岁。

下课了，我逆流而上挤到后台，想与老师继续交流。老师一边擦汗，一边鼓励："最好把你的做法记录下来，你也可以投稿。课程改革的关键是教师……"

被唤醒，被激活，被摇撼；发誓求真知，讲真话，做真教育；发愿在追逐理想的路上走到底。那些年，有过类似体验的青年教师太多。《薛瑞萍教学设计与实录》记录的是2004年春季第12册语文的教学，是一个教师的个人记录，是"课程改革那一届"的成长总结，也是时代的一道辙痕。

之后的岁月里，每当感觉孤独虚无，怀疑付出与努力是否值得的时候，我就会忆起那天上午的大课，同时想起1932年6月毕业季，胡适先生《赠与今年的大学毕业生》中的一番话：

我们要深信：今日的失败，都由于过去的不努力。

我们要深信：今日的努力，必定有将来的大收成。

佛典里有一句话："福不唐捐。"唐捐就是白白的丢了。我们也应该说："功不唐捐！"没有一点努力是会白白的丢了的。在我们看不见想不到的时候，在我们看不见想不到的方向，你瞧！你下的种子早已生根发叶开花结果了！

…………

朋友们，在你最悲观失望的时候，那正是你必须鼓起坚强的信心的时候。你要深信：天下没有白费的努力。成功不必在我，而功力必不唐捐。

三

之后，就是"心平气和的一届"。

《薛瑞萍读教育理论》和《薛瑞萍教育教学问答》都完成于2004—2010年，写作时间与"班级日志"重合。被点燃的人，连自己都怕。

"德之不修，学之不讲，闻义不能徙，不善不能改，是吾忧也。"

孔子的意思是，除非你能够讲出来，并且落实到行动上，否则就不算是真的理解，真的在学。

《薛瑞萍读教育理论》就是这样一个求真知的记录。因为这些读书笔记，我结识了很多热爱钻研的同道；我们结成了真实不虚的"成长共同体"，体验着"以文会友，以友辅仁"的大快乐。

四

《薛瑞萍教育教学问答》则不同，是在朋友的鼓励和催促之下编织出来的——缘起于讲座中经常遇到的提问，回答涉及母语教学、班主任工作、家庭教育等诸多问题。相当于一本"实用手册"、一个工具箱，是一个建议、参考的意思。然而绝没有想到的是，《薛瑞萍教育教学问答》竟然广受欢迎。

2010年9月，回头带一年级。新生家长会上，我亲爱的搭档——教数学的王祥玲老师宣布《薛瑞萍教育教学问答》为本班家长必读书。"这本书我读过，我和薛老师是一条心。有不明白的，先读《薛瑞萍教育教学问答》。书里说过的，不要再来问！"

王老师做得对吗？我不确定。事实上，王老师做了一件我想做而不好意思做的事情；事实上，到了"这一届"，不少做法有所调整、有所改进。结果是，2010—2016年中间这一届，我俩带得太顺心了。孩子以及家长都说：王老师好比严父，薛老师好比慈母，这个班好比一个大家庭。

"这一届"也即"太顺心的一届",人数大约是点名册上的三倍。因为阅读,"我们班"向来包括孩子父母,乃至留守儿童的爷爷奶奶。连接和聚拢我们全体的,是那些美丽的诗篇、伟大的书。

五

"心平气和的一届"的"班级日志"是一部流水账。到了"太顺心的一届",钻研和记录变得相对严谨,于是有了成体系的《写作课》《讲述课》《诵读课》《吟诵课》。

《诵读课》《吟诵课》的课题都是经典教育。时过境迁,之后的《薛瑞萍教古诗》《薛瑞萍教童谣》《薛瑞萍教童诗》《薛瑞萍读飞鸟集》以及这套书中的《在家读诗》,都是同一课题更深入、更贴近孩子的探索与记录。所以此次再版的时候,字字皆辛苦的《吟诵课》《诵读课》如笋衣一样,随新竹拔节而自然脱落;又如落红,化作春泥更护花。

"岁寒,然后知松柏之后凋也。"松柏岂不落叶?它只是在凋落的同时,不断生出新叶而已。教育是对成长的迷恋。除非自身成长,日有所进,否则教师如何服务孩子成长?

六

讲述,实在是一个太过重大的课题。

人类学有一个说法,智人取代尼安德特人的原因不在于体力,也不在于智力，乃是因为智人是一种善说故事的物种。故事带来凝聚力、想象力。

果如是，则这种讲述在中国至迟从战国时期就开始了。夸父追日、精卫填海、黄帝战蚩尤、神农尝百草、舜耕历山、大禹治水……这些故事的滥觞，也是华夏文明的重要起源。

从类比的角度看，智人和尼安德特人的差别大约相当于地球人和三体人的差别。在《三体》中，云天明用以拯救地球人的终极武器，恰是讲述。三个童话，是三个密码本。

讲述对于人类是如此重要，如此生死攸关，以至于能够如其所是地阐明讲述之力的，只有讲述本身。《一千零一夜》中，山鲁佐德夜复一夜的讲述，挽救了自己及众多女孩的性命，更拯救了残暴的国王。故事让国王得到疗愈，重新获得理性与爱的能力，重生为人。这才是终极拯救。

在《一千零一夜》这个故事中，山鲁佐德讲故事的智慧成功吸引了国王听故事的兴趣！所以我们可以说：讲述带来疗愈；一个人只要他对故事还有需求，就还有救。

故事是纽带、清泉、忘忧草。有些时候，故事还可以是烈火，焚尽不赦的罪恶。不信，请诵鲁迅先生的《故事新编》之《铸剑》，《庄子》之《逍遥游》；伊塔洛·卡尔维诺之《看不见的城市》，厄休拉·勒古恩之《一无所有》；阿城之《遍地风流》，何大草之《春山》……它们所演绎的，都是讲述的力量。一个民族，无论物质如何丰富，若是不能源源不断地产生好故事以滋养其共同体中的成员，终究是贫乏的、孱弱的、可怜的。

《乡村教师》就是一个绝好的故事，写作《乡村教师》的刘慈欣老师就是一位超级讲述者。刘慈欣擅长将现实和科幻无缝对接，擅长弥合现实与神话的隔阂。小说中那位身患绝症的乡村教师，临终前以口述的方式命令娃们背诵牛顿三大力学定律——老师就要死了，再也来不及讲解。这时娃们背诵的，其实是埋藏于体内等待燃烧的宇宙精煤。

如果生命允许，那位乡村教师一定会透彻地讲解牛顿三大力学定律，并讲很多故事：神话、童话、民间传说、经典名著、科学家传记。

"他们有一种个体，有一定数量，分布于这个种群的各个角落，这类个体充当两代生命体之间知识传递的媒介。"

"听起来像神话！"

"他们叫教师。"

讲述是教师的基本功，此乃常识。在我看来，语文教师不爱、不会讲故事，是匪夷所思的咄咄怪事。《讲述课》是关于"说什么"和"怎么说"的课程探索。一个例子而已。到"依依不舍的最后一届"，具体做法又有所调整，这是再自然不过的事情。

七

《写作课》的目的很单纯，就是想帮到那些焦虑的父母，那些被"囚禁"在写作培训班的孩子。先做读写人，再教读写课。《写作课》也是一名四十多年读写不辍的读写人关于读写的分享。

"太顺心的一届"毕业了，回头带"依依不舍的最后一届"。这时候班主任已经换人，但是王老师的教育勇气却被我"继承"了下来。二年级下学期，我要求孩子人手一本《写作课》。

"这是上一届大哥哥、大姐姐们的成长故事。不着急，你们慢慢看，需要的时候看。到了几年级，就看几年级的内容。你们报别的学科培训我管不着，有了这本书，语文就不必再上任何读写班，也不必再买任何作文选。有功夫宁可到户外玩耍，宁可阅读班级图书！"

家长、孩子个个欢喜。因为整个小学阶段，孩子们遇到的写作课题、写作困难基本相同；因为《写作课》提供的示范和陪伴，是那样的真实、亲切——真实、有力。

相比于《写作课》，《亲爱的汉修先生》才是本班孩子的写作宝典。这也是王祥玲老师阅读的第一本儿童文学经典读物。王老师哭着说："哎呀，薛呀，太感人了！我觉得鲍雷伊爸爸也挺可怜的，我希望鲍雷伊的妈妈让他回家。"

"你去问问孩子们吧！"我如是答。

八

在家读诗，是我从中学到今天不曾间断的生活方式，如呼吸一样自然。所以那样热切地带着孩子及家长做经典阅读，那样不遗余力地建设书香班级、书香家庭。归根到底，是想为自己找到同伴，找到灯。

感恩一届又一届孩子的陪伴！

又是毕业季。今天是我"太顺心的一届"孩子高考的日子；到9月，我带的最后一届宝贝也要升初中了。一代人有一代人的挑战，一代人有一代人的使命。2022年太不寻常。孩子们啊，老师为你们读诗，为你们祝福：

火车

［土耳其］贾希特·塔朗吉 | 余光中 / 译

去什么地方呢？这么晚了，

美丽的火车，孤独的火车？

凄苦是你汽笛的声音，

令人记起了许多事情。

为何我不该挥舞手巾呢？

乘客多少都跟我有亲。

去吧，但愿你一路平安。

桥都坚固，隧道都光明。

九

"学生的大脑不是容器。他们需要的不是填充，而是激活和点燃。"这是常识。学生如此，教师何尝不是？如同创业从来都是持续创业，点燃——也从来都是持续点燃。最后，摘两段话送给亲爱的同行们——

我的脑海里经常回荡着几百个老师焦急的声音，他们在问我："你如何判断，如何确定孩子在学习什么东西呢？甚至他们是不是在学习呢？"答案很简单，我们无法判断，尽管我们不能确定。我对于教育的看法建立在一个信念之上，尽管有很多证据可以支持这个信念，但我无法证明，可能永远也证明不了。这可以称之为"信仰"，这个信仰就是人天生是学习的动物。鸟儿会飞翔，鱼儿会游泳，人类会思考和学习。

因此，我们不需要通过哄骗、贿赂或者恐吓去"推动"孩子学习。我们不需要不断地刨开他们的头脑以弄清楚他们是不是在学习。我们需要做的——唯一需要做的——就是尽我们所能地把这个世界带到学校和教室，给孩子们需要的及他们要求的帮助和指导，然后就走开。我们要相信他们能做好余下的事情。

（［美］约翰·霍尔特《孩子是如何学习的》）

把世界带进教室。这是我们唯一需要做的事情。

其他一切，交给祈祷和信仰吧。

初稿于 2022 年 6 月 7 日

定稿于 2022 年 6 月 16 日

序言
Xuyan

他饮食珍贵的文字，他的精神变得强壮，他不觉得贫困，也再不感到沮丧，他跳着舞过黯淡的日子，使他飞翔的只是一本书，能有多么大的自由，精神摆脱了束缚

也是疗愈

2020年2月10日，教师上班；2月11日，正月十八，学生报到；12日，星期三，按课程表上课。

几十年了，元宵节一过，春季开学的程序就在年味的余韵中照例启动。然而新冠肺炎疫情让这一切成了不可能实现的"原计划"，学生、家长、教师都在恐惧和忐忑中等待。那时还没有网课，那时谁也没有想到，复课居然要等到5月6日!

然而36年的规律生活早已形成节奏，偏偏我家紧挨着学校，步行时长不到十分钟。当开学的日子来临，当上课时间到了——我全部身心都记得。一定要做些事，才能确认我还是我，我和世界的联系依旧。

于是被迫使用微信。于是有了这一个非常个人、非常班本的诵读课程。"在家读诗"的开始很自然，课程的进行和结束也很自然。现在我才意识到，如此"自然而然"，还有一个原因，就是此前五个学期的诵读课程已在孩子那里形成节奏。老师于2月12日发出的召唤，正是孩子和家长的期待。

和3月开始的网课不同，"在家读诗"有本可依。孩子们要做的是按照老师确定的进度，白纸黑字地诵读，白纸黑字地批注。事情竟有这么巧，上学期的语文教学重点正是批注。

也有孩子随父母回老家过年，诵本不在手边，他们就根据同学提供的图片完成诵读、抄写、批注等作业。

诵读召唤于2月12日上午8：00发出。上午8：00，也是过去五个学期里我们开始诵读的时间。

从2月13日开始，每天上午8：00，老师发出当日诵读作业；同时发出对前一天的作业点评及诗歌讲解。这是"在家读诗"授课内容的电子文字版，之后老师还会在网络上用音频的形式再讲一次。音频课是微信课的升级版。说通及心通，如日处虚中；上进如春草之生，不见其长，日有所增。时隔5个月之后，我于正常开学的9月整理出来了一系列师生经典共读记录——当然又是音频课的升级版。

这也是极其自然的事情。因为老师一直在学习，一直在进步；老师必须不断学习，不断进步。在疫情肆虐的阴郁日子里，在医护人员用血肉筑起生命保护线的冬春之时，和很多人一样，老师每天都在问自己："我怎能心安理得地享受这一切？！我该做些什么？！"

答案总是同一个：书生何以报国？唯有读书以求真。

3月27日，当"在家读诗"课程结束的时候，合肥市教体局统一开设的网课正在进行中，开学复课的日子依然不确定。然而老师已经不太焦虑，可以安心等待。我知道：2月12日发出的其实是求助信号。过去四十多天所做的，是一种自我疗愈。幸运的是，我得到了真诚、热切的回应！

和此前发表的"流水账"不同，收入本书的不是工作日志，是每日发送的讲课内容。没有天气情况记录，连星期几也没有标注，这种现象本身也是一个特殊的集体心理症状的表现。长时间的足不出户，不仅让人们对"星期"的概念变得淡漠，对天之阴晴也变得迟钝。

但愿以后，同行们不会再有类似的经历和记录。

祝福我们的国！

2020年10月8日，星期四，寒露

目　录

Mulu

2月12日 / 听，诗歌发出了召唤

四（3）班的宝贝们以及家长们：

春天好！

一年之计在于春，一日之计在于晨！

在这特殊的、寂静的春天里，我们的诵读课开始了！

请同学们每天认真诵读、工整抄写、用心批注。

请家长为孩子准备一本抄写本，并在孩子诵读时保持安静。建议家长和孩子一起诵读、讨论、商议批注内容。

本着自愿的原则，欢迎大家将批注内容发给老师！每日发送作业的截止时间为当天的 19：00。批注，就是我们的思想在鼓翼！老师渴望看到同学们奋飞的样子，渴望听到同学们振翅的声音！

今日诵读作业

· 《我想》，诵读 3 遍，抄写 1 遍。

· 《亲爱的三月，请进》，诵读 3 遍，抄写 1 遍。

自选其中一首做批注。

2月13日 / 报春的花朵

同学们：

你们好啊！

首日诵读老师收到两份批注作业，来自陈潇颖和周同。

我想
顾城

我想哭
我想让秋天的暴雨
在心上涌流

我想笑
我想在春天的呼吸中
继续长高

陈潇颖的批注是："秋天的暴雨"表示悲伤，"春天的呼吸"表示愉悦。哭和笑一样重要，悲伤的时候哭过了，才有轻松的成长。

周同的批注是：我想到我们的课堂，想到那些从不发言的同学。他们就像有痛苦有欢喜，却忍着藏着不哭不笑的人。这样不好。希望等疫情过去，我们开学了，同学们都能积极发言。

亲爱的周同！你说的正是老师一直期待的啊！

你和陈潇颖的批注，对老师来说，就是新春的礼物；对我们班来说，就是报春的花朵！

请大家观摩两位同学的抄写和批注。希望每天都有批注发给老师，然后老师选出好的带领大家学习。这种课堂形式，就是我们在春天的呼吸里继续长高。

亲爱的三月，请进

［美］艾米莉·狄金森 ｜ 江枫 / 译

亲爱的三月，请进——

我是多么高兴——

一直期待你光临——

请摘下你的帽子——

你一定是走来的——

瞧你上气不接下气——

亲爱的，别来无恙，等等等等——

你动身时自然可好——

哦，快随我上楼——

有许多话要对你说——

你的信我已收到，而鸟

和枫树，却不知你已在途中——

直到我宣告，他们的脸涨得多红啊——

可是，请原谅，你留下

让我涂抹色彩的所有那些山山岭岭——

却没有适当的紫红可用

你都带走了，一点不剩——

是谁敲门？准是四月。

把门锁紧——

我不爱让人纠缠——

他在别处待了一年——

正当我有客，才来看我——

可是小事显得这样不足挂齿

自从你一来到这里

以至怪罪也像赞美一样亲切

赞美也不过像怪罪——

　　这是《亲爱的三月，请进》，作者是老师最喜爱的诗人——狄金森！她的诗大多含蓄凝练，不太好懂。然而《亲爱的三月，请进》是多么单纯、热情和直率！一个接一个的破折号，是大步流星、归心似箭的感觉；是久别重逢的好友紧紧握手、热情拥抱的感觉；是说了又说，说也说不完的感觉！

　　当疫情缓解，我们又在校园欢聚的时候，就当是这个情形啊！最最要好的朋友，互相抱怨着："为什么不给我打电话？""为什么不跟我讨论诗歌？"

　　说到这里，老师想到艾青的一首诗，就是我们诵读过的《太阳的话》。一样的情绪，一样的节奏，一样的单纯、热情和直率。这也是我们的生命状态啊！在老师的眼里和心里，四（3）班的同学，就是春光和朝阳。

让我们聆听《太阳的话》，释放出心中的力量——

太阳的话
艾青

打开你们的窗子吧，
打开你们的板门吧，
让我进去，让我进去，
进到你们的小屋里。
我带着金黄的花束，
我带着林间的香气，
我带着亮光和温暖，
我带着满身的露水。

快起来，快起来
快从枕头上抬起头来，
睁开你的被睫毛盖住的眼，
让你的眼看见我的到来，

让你们的心像小小的木板房，
打开它们关闭了很久的窗子，

让我把花束，把香气，把亮光，

温暖和露水撒满你们心的空间。

读完《太阳的话》，再读再品《亲爱的三月，请进》。

当春回大地，朝阳升起，我们要做的是什么？是起来，是行动；是歌唱，是诵读！灵魂也会饥渴，这样的诵读就是在饮食！只要携带理解和感悟，以适当的节奏和情绪诵读，我们就是在饮食经典。

聪明的你们猜猜看，老师刚转述的是谁的话？

恭喜！答对啦！就是狄金森的，她说出的正是老师的感觉——我们的感觉！

我们诵读过狄金森的《没有一艘船能像一本书》，然而老师最喜欢的，是她创作的《他饮食珍贵的文字》——

他饮食珍贵的文字

[美]艾米莉·狄金森 | 江枫/译

他饮食珍贵的文字，

他的精神变得强壮。

他不觉得贫困，

也再不感到沮丧。

他跳着舞过黯淡的日子，

使他飞翔的只是一本书，

能有多么大的自由——

精神摆脱了束缚！

一首接一首。以《亲爱的三月，请进》为话由，老师一口气说了这么多。聪明的你们一定听懂了，老师说的都是同一个召唤，同一个期待！那就是：

亲爱的同学，请读——

我是多么高兴——

一直期待你的努力——

请鼓起成长的翅膀——

你一定被老师的热情震到——

瞧你目瞪口呆的样子——

亲爱的，别来无恙，等等等等——

你在家读诗是否适应——

哦，快随我出发——

有很多珍贵的文字等着我们饮食——

今日诵读作业

· 《沙与沫》精选（1），诵读 3 遍，抄写 1 遍。自由批注。

· 《菊花》，诵读 5 遍，抄写 1 遍（抄写时不必写诵读符号）。

关于诵读符号，自己先在书上标示，然后根据老师发的内容核对。

注意：诗歌抄写都要写上作者的姓名。

2月14日 / 一个人的实质

亲爱的同学们：

今天是丰收的一天啊！

老师在下面提到的，都是发来批注作业的同学。先在这里集中表扬一下！

同时还要表扬关注你们诵读、帮助你们发来作业的——你们亲爱的爸爸妈妈！感谢！感谢！感谢！

一个人的实质，不在于他向你显露的那一面，而在于他所不能向你显露的那一面。因此，如果你想了解他，不要去听他说出的话，而要去听他没有说出的话。（《沙与沫》）

对于纪伯伦这段话，黄子轩和许臻男两位同学分别做出了批注。

黄子轩的批注是：父爱母爱的实质，在他们的谆谆教诲里，更在他们每天默默的付出里。

许臻男的批注是：诚实的人，他就是言行一致的。显露的和不显露的加在一起，才是人的全部实质。纪伯伦说得太绝对了，有严重偏心的嫌疑。我们现在的批注既是我们的言语，也是我们的行动。

菊花

［唐］元稹

秋丛绕舍似陶家，遍绕篱边日渐斜。

不是花中偏爱菊，此花开尽更无花。

自从陶渊明写下"采菊东篱下，悠然见南山。山气日夕佳，飞鸟相与还"，后人只要写到菊花，就要必定说到陶家、东篱、"日渐斜"！意思也无非自比陶渊明，表达隐居的志向或闲心。这已经成了一个套路！

所以这首诗值得研究的是后两句："不是花中偏爱菊，此花开尽更无花。"

菊花之后明明还有梅花，为什么元稹要说"此花开尽更无花"呢？大家想一想。

王浩然、吴振宇，你们的作业老师也收到了。你们的书写进步很大，字变得漂亮了！

胡睿泽、储思源、李欣冉、吴媛媛、汤雅馨、韩妙可、高菡笑、花泽名赫、简昊阳，你们要注意：批注要联系生活。举例说明的具体感受，才是真实的。

在石贤齐同学的批注中，"缺点"的"缺"字写错了。

·《小松》标上诵读符号，同时诵读 5 遍，抄写 1 遍。

·《繁星·春水》节选的两节，诵读 3 遍，抄写 1 遍。

注意：《小松》的第一段分成三节（注意看老师在图片上标出的斜线）。

两节《繁星·春水》，自选一节做批注。

2月15日 / 追光少年

亲爱的同学们：

早上好！

知道薛老师早晨是怎么醒来的吗？

我梦到学校变成了一个迷宫，而且是一个脏乱差的迷宫。上课铃响了，我找来找去，楼上楼下都找不到我们四（3）班！老师是生生急醒的！

亲爱的孩子们啊，老师也想开学呢！不过，幸好我们可以在家读诗，可以每天以这样的方式"上课"！

繁星·春水（节选）

冰心

繁星闪烁着——

深蓝的太空，

何曾听得见他们对语？

沉默中，

微光里，

它们深深的互相颂赞了。

罗雅诗的批注是：太空和繁星就像母亲和孩子。这是在深夜，母亲和她的宝宝们就算在睡梦中，也互相爱着，彼此赞颂着。是母亲给了孩子生命，是孩子给了母亲生命的意义。

繁星·春水（节选）
冰心

海波不住地问着岩石，

　　岩石永久沉默着不曾回答；

然而它这沉默，

　　已经过百千万回的思索。

焦雯娜的批注是：岩石沉默是因为岩石喜欢海水，喜欢听海水不断地发问。岩石就像妈妈，海水就像爱提问的孩子。冰心，就是喜欢小孩子的！

小松
［唐］杜荀鹤

自小刺头深草里，而今渐觉出蓬蒿。

时人不识凌云木，直待凌云始道高。

"自小刺头深草里，而今渐觉出蓬蒿。"

是哪位同学把"自小"抄写成"白小"了？你这样的"出蓬蒿"，是不是有点儿难为情呢？

从今天起，批注和抄写都用钢笔，铅笔写的字老师看得十分费力，以后不看了。

今日诵读作业

· 《祝你晚上好》，诵读 3 遍，抄写 1 遍。
· 《题稚川山水》，诵读 5 遍，抄写 1 遍。

　　批注《题稚川山水》，可以是解释，也可以回答以下几个问题：

　　1. 行人也就是戴叔伦，为什么觉得五月凉？

　　2. 五月为什么起了"秋风思"？

　　3. "秋风思"中的"思"，为什么读作去声？

2月16日 / 如此山水如此夜

亲爱的同学们：

老师收到批注作业 28 份。

高菡笑、陈邵文、罗雅诗、韩妙可、户玉彤、李嘉桐的作业拍摄得不清晰，老师看得很吃力，没法好好批阅。

书写工整、拍摄清晰、批注质量好的作业，老师已经下载保存了，开学发奖！

祝你晚上好

[罗马尼亚] 爱明内斯库 ｜ 韦苇 / 译

鸟儿倦了，

飞到枝丫间，

躲进了巢

祝你晚上好！

天鹅划过水面，

藏进芦苇睡觉，

愿天使与你同在

祝你晚上好！

树林静悄悄，

泉水叮咚敲，

花儿睡觉了

祝你晚上好！

月色正朦胧，

梦幻把一切笼罩，

和谐的世界

祝你晚上好！

朱雨杭的批注是："天鹅"和"天使"在一段，因为它们都是白色的。"树林静悄悄，泉水叮咚敲"，这是以声音写安静，就像王维的《鹿柴》。

李欣冉、丁聪指出：四节顺序不能变动，因为有时间的先后在里面，也有感觉的变化在里面——越来越安静，直到大家都入梦。第四节的关键词是"一切"，"一切"带来结束感，所以是结尾。

题稚川山水

［唐］戴叔伦

松下茅亭五月凉，汀沙云树晚苍苍。

行人无限秋风思，隔水青山似故乡。

马成浩的批注是：松树下、茅亭里，加上水边、树林、傍晚，这位行人确实在五月感到了凉意。这是借身体和环境层面的凉，表达心境的凉意，就像昨天的一场雪，让我们回到了冬天。

陈潇颖的批注是："秋风思"，根据注释可知，就是想念家乡的美食，也就是想念家乡。"思"必须读作去声，否则这一句不符合诗律，全句也就只有一个仄声字"限"，软绵绵的不好听。平声的"思"是动词，去声的"思"则作名词解。这也告诉我们，全诗表达的都是对家乡的思念。

面壁十年图破壁！陈潇颖以及其他亲爱的同学啊——

面对一首诗，要做诚恳而深入的思考。破壁是一瞬间的事，到那时你就可以写出真实有力量的感受，而不是在原文的表面上划来划去，把作者的话颠来倒去地说了。

今日诵读作业

· 《沙与沫》精选（2），两段诵读 3 遍，抄写 1 遍。任选一段批注。批注要联系生活实际。

· 《旅次朔方》，诵读 5 遍，抄写 1 遍。在地图上找到咸阳，在河北与山西交界的地方找到桑干河。

2月17日 / 却望并州是故乡

亲爱的同学们：

晴天好！

老师收到批注34份，其中有两份没有署名。

18名同学，结合注释，逐句解释了《旅次朔方》。好棒！

旅次朔方

[唐]刘皂

客舍并州已十霜，归心日夜忆咸阳。

无端更渡桑干水，却望并州是故乡。

李瑞琪、童诗涵、户玉彤、朱雨杭说：这就像我们，上学的时候盼望放假，放假了又盼望开学。在这个春天，我们思念课堂，就像游子思念家乡！

注意！这是一首仄起七言律绝，我们要细品声韵，以及声韵传达的情感。

1.作为地名的"并（bīng）州"二连平，都是下平声。这是非常妙、非常巧的事情。

2.第一句、第四句都是仄仄平平仄仄平，"并州"在首尾两句的相同位置重复出现，带来回旋萦绕的听觉。作诗如作歌啊！想一想，诗人为什么这样安排？

3.对比一下，如果"并"字错读为去声，首尾两句的声音、情感就显得坚硬冷漠。还有，当"并"字读为仄声，除了韵字（"霜""乡"），第四句就只有一个平声字"州"，且"州"被仄声包围，这叫"犯孤平"，是律绝的大忌。

关于纪伯伦的《沙与沫》，越来越多的批注联系了生活，甚至联系到《论语》《笨狼的故事》……

许臻男、周同、丁聪、储思源、王怡岚、马成浩、罗荣臻，你们的批注，老师都做了摘要和记录，这里不一一表扬了。

同学们将批注发到学习群里，就是当众发言。

当人们夸奖我多言的过失，责备我沉默的美德的时候，我的寂寞就产生了。（《沙与沫》）

关于《沙与沫》精选的第一段，老师的分享如下：

纪伯伦遇到的人，都希望他多说，不喜欢他沉默。就像老师希望大家积极发言。而纪伯伦呢，偏偏是个重行动、不重视语言表达的人。根据是什么呢？就是他在关于"一个人的实质"中的说法："如果你想了解他，不要去听他说出的话，而要去听他没有说出的话。"

我们由此可以猜想，纪伯伦自己是不爱说话的，也不爱倾听。

真理是长久被人知道的，有时被人说出的。（《沙与沫》）

　　关于《沙与沫》精选的第二段，老师的意见是：真理或者真相，就算大家都知道，也不是人人都能说出的。有的是因为语言表达能力差，有的是因为缺乏表达的勇气。

　　和你们一样，老师不同意纪伯伦对语言的轻视。很多时候，发言也是一种行动。比如大家做批注就是行动。老师就是根据批注判断我的孩子们在家是否用心学习了。

　　以下是词语需要订正 3 遍的同学和他们各自要订正的词语：

马成浩：觉得。

马宇轩：寂寞。

花泽名赫：已经。

朱陈露：夸奖。

今日诵读作业

· 《割草归来》，诵读 3 遍，抄写 1 遍。

　　批注《割草归来》。

　　批注就是割草哟！老师等着你们割草归来。

· 《停电了》，诵读 3 遍，抄写 1 遍。

2月18日 / 温暖的光

同学们:

上午好!

老师收到批注作业 36 份,有两名同学的作业没有署名。王墨泉、许臻男拍摄的批注图片很模糊。往后大家的作业尽量拍清楚,字不要写得太小,也不要写得太挤。

割草归来

顾城

你金色的眼睛,

看看太阳,

太阳走远了,

红衣服忘在草滩上。

是你在唱歌,

是歌把你唱,

草篮边的小野菊

垂头把路望……

郭伟豪说:太阳就是一个丢三落四的小孩子,黄昏来临的时候急着回家吃饭；太阳落下的红衣服，当然是余晖！

朱陈露、童诗涵说：草篮边的小野菊不想离开草地，所以垂头把路望。

黄子轩、简昊阳在"是你在唱歌，/ 是歌把你唱"的旁边写着："是书在读我，是我在读书！"

李嘉桐问："这是谁的红衣服？"这很随便！老师几乎可以断定，你没有读到 3 遍，再动动脑筋好好想一想，可以认真学习一下郭伟豪的批注。

停电了
谢武彰

停电了，好暗呀！
妈妈伸出手
摸到了我的脸
摸到了我的胳臂
终于，拉着我的手，说：
"别怕，妈妈在这里！"

爸爸从客厅走来
碰翻了椅子
碰翻了花瓶

找到我跟妈妈以后，说：

"别怕，爸爸在这里！"

黑暗里

我们手拉着手

温暖地，在一起

　　花泽名赫、黄博锐等很多同学，从停电联想到自己的家，以及家里停电的情形。这就对啦！

　　王浩然、管继航由停电，想到中国是一家，一方有难，八方支援。武汉危急，武汉加油。疫情刚刚暴发的时候，救援刚刚开始的时候，总是有些手忙脚乱，碰翻了这个，碰翻了那个。大家互相寻找，互相帮助。这更好！

　　管继航把"武汉"的"武"字写错了！

　　周同注意到：《停电了》第一节"停电了，好暗呀！"后面五行和第二节前面五行完全同构。一节写妈妈在黑暗中找"我"，一节写爸爸在黑暗中找"我"和妈妈。然后很自然地，全家手拉手温暖地在一起。所以周同建议诗人谢武彰把《停电了》分为四节，这样同学们理解起来就更容易了！这是很棒的文本细读。大家就按周同的意见试试看，把这首诗分为四节，读起来一定感觉更明晰。

　　丁聪的批注是：在这个明媚的春天里，我们的城市就像暂时停电的夜晚。虽然各自在待在家里，但我们的心连在一起。我们要珍惜光阴，珍惜一线医护人员用生命为我们拼来的平安，努力学习。

我们这也是在为中国加油，为武汉加油！

温馨提示：

阅读老师的回复时，将微信内容点两下，文字就会被放大，孩子们读起来就不那么费劲儿，也不容易伤眼睛！

这些回复是老师将同学们的作业看了又看、字斟句酌才发出来的。大家要用心吸收哟！

今日诵读作业

· 《沙与沫》精选（3），诵读 3 遍，抄写 1 遍。
· 《送日本国僧敬龙归》，诵读 5 遍，抄写 1 遍。

自由点评，想点评哪里就点评哪里，想点评多少就点评多少！

2月19日（雨水） / 世界盖上了白绒毯

同学们：

早上好！

老师收到批注作业 37 份。

胡睿泽、李瑞琪、高菡笑三位同学的作业拍得不清晰。马宇霄的字太小！

童诗涵的批注内容好，书写漂亮，但太挤了，不便于同学们观摩学习。

如果冬天说"春天在我的心里"，谁会相信冬天呢？（《沙与沫》）

石贤齐、李嘉桐、罗婧妍、朱雨杭四位同学理直气壮地对纪伯伦说："我相信！"然后他们各自陈述理由——

石贤齐："春天的生机来自冬天的考验，也来自她在冬天里的漫长等待！"

李嘉桐："没有冬天，就没有万紫千红的春天。"

罗婧妍："是冬天的单调和寒冷，让春天显得美丽，让人们热爱和珍惜春天！"

朱雨杭："这就像在秋天的暴雨中哭过了，才可以在春天的呼吸里成长。"

每一粒种子都是一个愿望。(《沙与沫》)

很多同学深表赞同。他们说，"所有的成长都是自觉自愿努力的结果，而努力的前提，是你有成长的决心和愿望""如果种子不高兴，自暴自弃，就算春天来了，它也不会发芽"。

送日本国僧敬龙归

[唐]韦庄

扶桑已在渺茫中，家在扶桑东更东。
此去与师谁共到? 一船明月一帆风。

郭伟豪的批注是：我感受到韦庄对朋友的祝福，他一心只希望朋友平安到家。就像这个春天，我们对所有支援疫区的逆行者的祝福。

郭伟豪同学的"祝福"二字用得真好！
王浩然同学从韦庄的《送日本国僧敬龙归》联想到《赠汪伦》和《黄鹤楼送孟浩然之广陵》，这很好！建议王浩然在《送日本国僧敬龙归》的旁边把这两首诗各抄一遍。这也是批注的一种。

以下是书写出错，需要订正 3 遍的同学和他们各自要订正的词语：

石贤齐：因为、工作。

管继航：觉得。

马宇霄：哪儿。

花泽名赫：极其、黎明。

王浩然：寂寞。

储思源：春天。

李欣冉：健康。

· 《送杜十四之江南》，诵读 5 遍，抄写 1 遍。

· 《叽叽喳喳的寂静》，诵读 3 遍，抄写 1 遍。

　　批注《叽叽喳喳的寂静》。动脑筋，随便发问，但不要信口开河！有疑问，先和父母讨论，只要讨论起来，就会得到启发，就会有所发现。老师热切期待你们的发现！

2月20日 / 那片叽叽喳喳的寂静

亲爱的同学们：

上午好！

老师收到 38 份批注作业。

很多同学对古诗也做了批注和解释，在这里隆重表扬发来两份批注的同学们！

字写得漂亮，涂改少，这样的作业老师看了又看，爱不释手！平时都说没时间慢慢练字，现在有时间了。批注是我们锻炼思想肌肉的方式，也是我们展览书法和训练审美的舞台。

叽叽喳喳的寂静
顾城

雪，用纯洁

拒绝人们的到来

远处，小灌木丛里

一小群鸟雀叽叽喳喳

她们在讲自己的事

讲贮存谷粒的方法

讲妈妈

讲月牙怎么变成了

金黄的气球

我走向许多地方

都不能离开

那片叽叽喳喳的寂静

也许在我心里

也有一个冬天

一片绝无人迹的雪地

在那里

许多小灌木缩成一团

围护着喜欢发言的鸟雀

关于《叽叽喳喳的寂静》——

　　王浩然等同学想到王维的《鹿柴》："空山不见人，但闻人语响。
返景入深林，复照青苔上。"王维用人语写空山的静，用返景写深
林的暗。《叽叽喳喳的寂静》与之相似，是以鸟鸣写树林的安静，
都是用了反衬法。

　　周同指出："叽叽喳喳的寂静"就是自然本来的样子——安宁、
和谐与欢快。我们以为矛盾的地方，正是自然和谐的地方！这里的
寂静不是没有声音，而是不受人类打扰，既安全又快乐。

　　罗婧妍同学说："绝无人迹的雪地"是一片干净的地方，是小
灌木和鸟雀的天堂，也是诗人心灵的家园。通过写诗，顾城把这个

家园留在自己心里，也让读到这首诗的我们向往"叽叽喳喳的寂静"，珍惜"叽叽喳喳的寂静"。

很多同学说：我也想到那片灌木林中去！我不会打扰鸟雀的。

老师说：知否知否，当我读着你们的批注，感觉自己就在那片灌木丛中，耳边全是叽叽喳喳的寂静！

送杜十四之江南

[唐] 孟浩然

荆吴相接水为乡，君去春江正渺茫。

日暮征帆何处泊？天涯一望断人肠。

这是孟浩然的赠别诗。很多同学由这首诗的题目想到《黄鹤楼送孟浩然之广陵》《芙蓉楼送辛渐》。这是自然的，也是可喜的。

老师不知道是否还有同学保持着看地图的习惯。"寒雨连江夜入吴，平明送客楚山孤。""窗含西岭千秋雪，门泊东吴万里船。""醉里吴音相媚好，白发谁家翁媪？"

吴处于长江中下游，这我们都熟悉。

那么，荆在哪里？就是号称"泽国水乡"的湖北啊。

现在我们再读前三句，发现没有——荆吴水乡、春江渺茫、日暮征帆，句句都在说水。第四句呢？还是水啊，而且是无边无际的浩荡春水。"天涯一望断人肠"，诗人望见的天涯，其实就是水天相接处。无边无际的是春水，也是诗人的孤独和忧愁。

同样是日暮，同样是江上，大家是否想起了《宿建德江》？

湖北自古以来就是鱼米之乡，不仅物产丰富，而且名人辈出，比如伍子胥、屈原、王昭君、孟浩然……

在这个特殊的春天，我们都在遥望湖北，祝福湖北。

请大家带着这种感觉，再读《送杜十四之江南》。

今日诵读作业

· 《大自然的语言》（节选），诵读 3 遍，抄写 1 遍。仿写一节。

· 《江畔独步寻花》，诵读 5 遍，抄写 1 遍。

2月21日 / 草长莺飞二月天

亲爱的孩子们:

你们好!

老师收到批注作业 36 份。有 10 名同学交来两份作业。

表扬作业写得漂亮的男生: 郭伟豪、花泽名赫、简昊阳、王浩然、许臻男。表扬批注解释《江畔独步寻花》的 10 名同学!

表扬仿写两节的同学! 他们是: 吴媛媛、罗雅诗、罗荣臻、王怡岚、黄子轩、李瑞琪、韩妙可、郑成旭、简昊阳。

大自然的语言(节选)

戴巴棣

你看那天上的白云,

这就是大自然的语言:

白云飘得高高,

明天准是个晴天。

你看那地上的蚂蚁,

这也是大自然的语言:

蚂蚁忙着搬家,

出门要带雨伞。

蝌蚪在水中游泳,

不就像黑色的"逗号"?

大自然在水面写着:

春天来到人间。

大雁在编队南飞,

不就像"省略号"一串?

大自然在蓝天上写着:

秋天就在眼前。

下面我们欣赏一节来自简昊阳的仿写:风筝翱翔在蓝天,/不就像咏春的诗歌一篇篇?/写的是"草长莺飞二月天,/儿童归来放纸鸢"!

管继航的批注是:我想到泰戈尔《飞鸟集》里的句子——绿树长到了我的窗前,仿佛是喑哑的大地发出的渴望的声音。那也是大自然的语言,需要极其温柔的心,才能听得出来。

江畔独步寻花

[唐] 杜甫

黄四娘家花满蹊,千朵万朵压枝低。

留连戏蝶时时舞,自在娇莺恰恰啼。

黄子轩的批注是："千朵万朵压枝低"中间四连仄，让人一读就感觉到繁花盛开得沉甸甸的感觉。好棒！好美！好好听！

户玉彤的批注是：这个"江畔"，是鲜花盛开的地方，还有杜甫认识的黄四娘家，就像一幅展开的图画，既美丽又亲切，吸引着杜甫老来这里散步。

关于词语订正：

郭伟豪：蜻蜓。

李嘉桐：凝望。

户玉彤：已经。

黄博锐、管继航：游戏。

今日诵读作业

· 《沙与沫》精选（4），诵读 3 遍，抄写 1 遍。

· 《寄人》，诵读 5 遍，抄写 1 遍。

　　请同学们自由批注——想批注哪里就批注哪里，想批注几处就批注几处。

2月22日 / 言语的波浪

亲爱的孩子们：

早上好啊！

老师收到42份批注作业，其中3份没有署名，两份字迹模糊。

寄人

［唐］张泌

别梦依依到谢家，小廊回合曲阑斜。

多情只有春庭月，犹为离人照落花。

张泌的《寄人》，同学们解释得都很好。

陈潇颖联想到了《嫦娥》《静夜思》。

老师接着陈潇颖的联想展开说：在我们中国，月亮从来都是故乡的象征。"多情只有春庭月"！张泌的这一夜是被月光浸润的，梦里梦外都是月：梦中"春庭月"，梦外就是"床前明月光"。

胡睿泽，"别梦"是离别之后因为思念而梦见旧家，不是别人的梦！

温馨提示陈潇颖及其他同学：

凡是批注内容被老师在回复中引用的，请对比你的批注原文和老师转述之间的异同。批注图片都已经发在学习群中，如果老师还是原封不动地重复一遍，对大家、对老师都是一种浪费，也说明老师无所用心！同学们的批注到了老师这里，就应该得到整理和提升，进而成为全班共享的学习内容。你们在家读诗的诚恳和努力，是老师整理和提升的基础。你们做的才是原创，老师做的只是来料加工。这叫作教学相长。

对于《沙与沫》的批注，值得大家观摩、学习的有这些同学：郭伟豪、罗婧妍、李嘉桐、吴媛媛、王浩然、李瑞琪、黄子轩、罗雅诗。

胡奇羽、居馨蕾、王墨泉的作业有进步。

下面老师综合同学们的意见，就下面这两段《沙与沫》和大家做一个集中分享。

先来看第一段。

真理是需要两个人来发现的：一个人来讲说它，一个人来了解它。（《沙与沫》）

为什么这么说呢？因为真理不是印在书上的文字，也不是从嘴里说出的话语，而是文字和话语里的含义，是文字和话语与我们生活的联系，是文字和话语在我们生活中的落实！

就拿我们上学期讨论过的《论语》来说吧，"学而时习之，不亦乐乎"也好，"知之为知之"也好，无论孔子的教导多么正确和真诚，如果我们不理解、不实践，就算背得滚瓜烂熟，就算默得一字不差，也是没有意义的！

这就是我们诵读一定要讨论、在家读诗一定要做批注的原因！是我们的讨论和批注，让真理进入我们的心灵，让真理有了生命！

再来看第二段。

虽然言语的波浪永远在我们上面喧哗，而我们的深处却永远是沉默的。（《沙与沫》）

想到纪伯伦对于语言的轻视，再联系前面那段话，我们可以进一步猜测纪伯伦重视沉默，认定沉默更真实、更可贵的原因：

很多人的话语和内心是不一致的。有的是因为缺乏诚恳，言不由衷；有的是因为缺乏表达能力，词不达意；有的呢，是缺乏勇气，想说不敢说；还有的呢，就算心口如一，敢说敢为，可是没有人相信，没有人懂得！

在一个缺乏真诚和信任、倾听和理解的环境里，言语有多喧闹，内心就有多空虚！很多时候说了等于没有说，甚至说了不如不说。因为人家可能误解你，对你感到厌烦。于是纪伯伦感觉到了寂寞，觉得说得越多，越感觉到沉默的妙处。

当然，这是纪伯伦的感觉，不是老师和各位同学的感觉。但这并不妨碍我们努力理解和同情纪伯伦。

我猜想，孔子也曾有过这样的寂寞，所以孔子说：君子欲讷于言而敏于行！

今日诵读作业

·《月》《鄂伦春小唱》，各诵读 3 遍，抄写 1 遍，自由批注。

查资料，了解鄂伦春和兴安岭，了解鄂伦春人的过去和现在。

不要着急批判《鄂伦春小唱》。

请各位家长搜索相关视频，让孩子在诵读之后观看鄂伦春小朋友的演唱。他们歌唱的和怀念的，不仅仅是打猎的生活，还有那无边无际的林海！

2 月 23 日 / 月亮的脸庞

亲爱的孩子们：

老师收到了你们的批注！大家是不是越来越有感觉了？老师想表扬都表扬不过来了呀！发来作业的，人人都有一朵"小红花"。

月
屠岸

天上是一片深蓝，云海茫茫，
只有一个孤独的月亮在彷徨；
地上有多少河流，多少池塘，
就有多少个月亮的脸庞在发光。

是大地热爱着月亮，
在人间描绘她无数美丽的肖像，
还是月亮热爱着人间，
叫万千化身投入大地的胸膛？

屠岸先生的《月》，让很多同学联想到了课文《走月亮》；联想到望月思乡、望月怀人的那些诗歌，比如《宿建德江》《寄人》《闻王昌龄左迁龙标遥有此寄》；联想到疫情初期广为流传的诗句"青山一道同云雨，明月何曾是两乡"……猜一猜，老师想到了什么？老师想到了德国作家米切尔·恩德的作品《毛毛》，其中第五章《给许多人讲的故事和给一个人讲的故事》中，吉吉讲的关于月亮的故事，寄托了吉吉对毛毛的爱！

家里有《毛毛》这本书的同学，请和老师一起，重读第五章，重读那段故事。

《鄂伦春小唱》是一首经典的鄂伦春族民歌，勾勒出一幅鄂伦春族人游猎满载而归的幸福生活画卷。

鄂伦春小唱

王肯

高高的兴安岭，
一片大森林。
森林里住着勇敢的鄂伦春，
一呀一匹烈马，
一呀一杆枪，
獐狍野鹿满山满岭，
打呀打不尽。

关于这首《鄂伦春小唱》，郭伟豪的批注内容最丰富，也最精彩。老师归纳如下：

兴安岭是东北占地面积最大的森林，鄂伦春族是当地人口规模最小的民族，"最大"和"最小"是关键词。这就让我们对鄂伦春族人有了很深的同情和好奇！

在生态系统中，与草食动物相比，肉食动物的数量是较少的。这是大自然的安排，是生态的健康状态。如果森林里没有狼，那么鹿、兔子、狍子、獐等动物会因为没有天敌而退化，甚至把所有的草吃光，把所有的树皮啃掉，最后连它们自己也灭绝了！这片森林养育了一个小小的狩猎民族——鄂伦春族。他们对这片森林只有益处，没有伤害。鄂伦春族人勇敢、乐观、坚强，他们也是这片森林的孩子！

因为工业和城市的发展，森林面积越来越小，鄂伦春族人被禁止打猎，这是必须的，也是不得已的。鄂伦春族人怀念过去的狩猎生活，也是在怀念过去的大森林！他们是值得敬佩的，也是值得同情的！

鄂伦春族人和他们世代相传的生活方式是大森林的一部分。在我看来，传统的狩猎，对森林不仅无害，而且有益。如果鄂伦春族人把森林变成农田种庄稼，蓄养鸡鸭鹅、猪牛羊——久而久之，对地球环境可能会产生损害。

一样的道理，我们反对的是乱砍滥伐，不是绝对的不砍树、不用木材。

今日诵读作业

· 《沙与沫》精选（5），诵读3遍，抄写1遍。

· 《赤壁》，诵读5遍，抄写1遍。了解赤壁之战、借东风、草船借箭的典故。

2月24日 / 让我们捉迷藏吧！

亲爱的孩子们：

看见老师招手了吗？听见老师的笑声了吗？

老师仔细看过你们的作业，猜猜看，老师的感觉是什么？老师听到了你们的声音，老师看见了你们的表情。尤其让老师开心的是：平时上课几乎从不举手的同学，在书页上、在诗句边奋笔疾书——踊跃发言！

像我们这样在家读诗，原本是被迫的。可是在今天，老师意识到在家读诗的好处，那就是，一贯沉默的同学找到了发言的感觉。那是跟老师、跟作者说悄悄话的感觉。这种方式让你们感到很安全、很从容，是不是？

赤壁
[唐] 杜牧

折戟沉沙铁未销，自将磨洗认前朝。

东风不与周郎便，铜雀春深锁二乔。

对于杜牧的《赤壁》，大家解释得很好。不少同学查阅了资料，知道周瑜是安徽舒城人，离我们合肥很近。有的同学说到合肥也是三国时期的古战场，比如张辽大战逍遥津、曹操练兵明教寺、李典归葬紫蓬山……

老师要说的是后两句：东风不与周郎便，铜雀春深锁二乔。

这是杜牧游览古战场的想象。很惊险、很刺激、很浪漫、很令人兴奋，是不是？虽然历史没有假设，但是读书却鼓励想象！

这首《赤壁》，其实就是杜牧阅读历史的批注！所以，精彩的批注，也是可以成为经典的！我们加油哦！

让我们玩捉迷藏吧。你如果藏在我的心里，就不难把你找到。但是如果你藏到你的壳里去，那么任何人也找不到的。（《沙与沫》）

下面是老师关于这段《沙与沫》的总结。老师的讲授，吸收了每一位同学的批注。请仔细读，找到你的发言，看看自己藏在老师心里的什么地方！

让我们玩捉迷藏吧！你如果藏在老师的心里，就不难把你找到，但是如果你藏到你的壳里去，那么任何人也找不到你。

纪伯伦这是在跟我们玩文字游戏，看我们能不能找到他真实的意思。我们全班合力把纪伯伦逮得牢牢的！被我们紧紧抓住的纪伯伦，说不定还非常开心呢。

让我们玩捉迷藏吧！这是友谊的游戏，前提是老师想和你玩，老师想找到你——老师的心里有你这个好朋友！

你如果藏在老师的心里——你怎么可以藏到老师心里呢？因为你也愿意和老师做朋友，你喜欢住在老师的心里！

有点儿绕啊，大家慢慢读，听老师细细说：

孩子们啊，朋友相交，贵在交心。当我们游戏，雀跃追逐、亲密接触的是我们的身体，更是我们的心！当我们敞开心扉，身体一定也是舒坦和放松的。所以我们更愿意和朋友一起运动、游戏。丢手绢、捉迷藏、开城门、踢足球、跳皮筋……在那样的时光里，接触、寻找、追逐乃至激烈碰撞的，是身体——更是情感和心灵！

唉！老师说得有些跑题了。此刻浮现在老师眼前的，是你们课间游戏的场面！老师和你们一样，盼望着欢聚的那一天。

春天来了，原本该开学了，可是我们必须待在家里。但是我们的心，绝对不能因此而受困！我们决不能让房子成为封闭的壳。我们必须像从前一样，住在彼此的欢乐和忧伤里，藏在同学和老师的关爱里。

所以我们要读诗，要批注。这也就是属于我们的捉迷藏。

宝贝啊，只要你批注，老师就能够猜出你想说的是什么，并且沿着你的思路，帮你找到更好的自己！然后，老师说着说着也找到了更好、更新的自己。为什么？因为我们彼此藏在对方的心里啊！

如果你不表达出来，老师到哪里去找你呢？

同学们，请翻开《永远讲不完的故事》，重读第六章——《三座魔力门》。

想一想，为什么阿特莱尤照镜子时看到的是巴斯蒂安？

——他们就是在捉迷藏！他们都藏在对方的心里！

· 《汴河怀古（其二）》，诵读 5 遍，抄写 1 遍，做批注。

今天就诵这一首，因为昨天大家的批注太漂亮了。

2月25日 / 严厉也是一种温情

同学们好啊!

老师在绵绵春雨中读你们的批注。

汴河怀古(其二)

[唐] 皮日休

尽道隋亡为此河,至今千里赖通波。

若无水殿龙舟事,共禹论功不较多?

诵读皮日休的《汴河怀古(其二)》时,大家是否能想起《长城与运河》? 三年级的那篇课文就是"至今千里赖通波"的证明。

然而,隋炀帝开凿大运河主要是为了南下游乐。因为运河工程,无数民工丧命,加上南巡耗费巨大,于是民众奋起反抗。因此,隋朝灭亡,唐代到来。

所以有了《汴河怀古(其二)》中的第一句——"尽道隋亡为此河"。最后两句则是诗人的假设。

如果没有水殿龙舟那样的奢靡,如果开凿大运河全然是为了方便南北人民的交通往来,那么隋炀帝的功劳和大禹相比也差不了多少啊! 该诗前两句肯定了大运河的作用,后两句批判了隋炀帝的荒淫残暴。皮日休既表达了惋惜,也给世人以警示:评判一个人,既要看他的行为及其行为带来的后果，也要看他的出发点和动机。

这是一首有力量的怀古诗：讲事实，摆道理；有逻辑，也有温情。老师说过，严厉也是一种温情哦！

很奇怪哦，怎么没有人由"若无水殿龙舟事，共禹论功不较多"联想到《赤壁》的后两句"东风不与周郎便，铜雀春深锁二乔"？

都是怀古，都是假设，皮日休为隋炀帝惋惜，杜牧为周瑜感到庆幸。

捉迷藏，捉迷藏，捉迷藏！我们读诗、批注就是在捉迷藏！为什么老师捉到的比你们多呢？因为这些诗人、这些诗，都藏在老师的心里，因为老师已经捉了很多很多年！

今日诵读作业

· 《宣城见杜鹃花》，诵读 5 遍，抄写 1 遍。
· 《童话》，自己诵读 2 遍，跟爸爸或妈妈分角色诵读 2 遍；抄写 1 遍，抄写时注意标点符号！

同学们可对以上两首诗自由批注。字斟句酌，想好了再写，少涂改，把字写得漂亮些。

老师提高要求了，加油哦！

2月26日 / 一个童话一首诗

孩子们：

　　你们好！

　　今天老师要表扬吴媛媛、罗婧妍、王浩然三位同学。他们不仅逐句解释了《宣城见杜鹃花》，还查阅了资料，了解了子规哀鸣、杜鹃泣血的传说，明白了子规、杜鹃、古蜀国君杜宇之间的关系。

宣城见杜鹃花

〔唐〕李白

蜀国曾闻子规鸟，宣城还见杜鹃花。

一叫一回肠一断，三春三月忆三巴。

　　杨牧野的批注是：后两句是对仗，其实前两句也是对仗。两组对仗，就在声音上造成一种缠绕、纠结的感觉，这也正是诗人要表达的情绪。

　　杨牧野啊，让我们还原现场。"宣城还见杜鹃花"一句既点了题，也是李白情绪激动、诗兴大发的原因。

　　然后呢？然后是回忆，从宣城杜鹃花到故乡杜鹃鸟（子规鸟）。这种联想，对于中国人来说，是再自然不过的事情。如风吹草低，如闪电之后必有雷声。

注意"宣城还见杜鹃花"中的动词"见"和"蜀国曾闻子规鸟"中的"闻"，注意这种从视觉到听觉的转化，由眼前的杜鹃花的美丽，想起昔日子规鸟的呼唤，一声声叫着："不如归去！"诗人瞬间被思乡之情层层包裹，牢牢纠缠。这就是"一叫一回肠一断，三春三月忆三巴"。

一个问题：三月宣城，百花盛开，为什么李白偏偏只"见"杜鹃花？因为李白心里先藏了乡愁！是内在先有的思乡之情，让他在看到杜鹃时心情激动，然后产生幻觉，他仿佛听见了故乡的呼唤。所以，这一切又是同时发生的。

童话

[捷克斯洛伐克] 斯拉德克 | 刘星灿 / 译

"白桦为什么颤抖，妈妈？"

——"它在细听鸟儿说话。"

"鸟儿说些什么，妈妈？"

——"说仙女傍晚把它们好一顿吓。"

"仙女怎么会把鸟儿吓呢？"

——"她追赶着白鸽在林中乱窜。"

"仙女为什么要追赶白鸽？"

——"她见白鸽差点儿淹死在水潭。"

"白鸽为什么会差点儿淹死呢？"

——"它想把掉在水里的星星啄上岸。"

"妈妈，它把水里的星星啄上来了吗？"

——"孩子啊，这个我可答不上。

我只知道，等到仙女挨着白鸽的脸蛋时，

就像如今我在亲你一样，

亲呀亲呀，亲个没完。"

以下这些同学对《童话》的批注很精彩，老师将他们的批注按次序编排如下：

罗雅诗的批注是：破折号表示妈妈的回答紧跟在孩子提问的后面，也表示妈妈在思考。相当于"嗯，这个嘛"，从"孩子啊"一直到最后，都是妈妈的话。妈妈答不上来，其实是故意认输，让孩子满足地睡去，就好像《猜猜我有多爱你》《逃家小兔》这两本书中的故事，结尾一定要收回来。

吴媛媛和韩妙可的批注是：这一对母子或者说母女之间的对话，就像是仙女和白鸽！孩子的提问絮絮叨叨，就像白鸽咕咕的叫声。

朱雨杭的批注是：这个孩子爱提问。问题不断的原因，可能是好奇心强烈，也可能是太爱自己的妈妈，有意用一个又一个的问题缠住她。

焦雯娜的批注是：是的，这个妈妈很有耐心。如果妈妈是暴躁的，孩子就不会这样尽情地提问了。妈妈的耐心与孩子的追问合作，就编出了一个童话，一首诗！

黄子轩的批注是：你说得对，这一段睡前对话的内容是童话。这一段亲子对话的场面也是童话，更真实更美丽的童话。

王浩然、陈潇颖的批注是：是啊是啊！这首诗就得亲子共读才能读出味道，而且最好晚上读。今晚就试试！

户玉彤的批注是：我知道，"好一顿吓"，就是被吓得很厉害的意思。

李稼良的批注是：我还可以接着编下去——妈妈，白鸽亲吻是用她的喙啄吗？

李稼良，你的续写很有趣，但如果这样一直续下去，宝贝就不睡觉了！

大家读读这些批注，是不是很有课堂讨论的感觉？这样的课堂，是不是也有童话的味道？

温馨提示：
汤雅馨，你的涂改太多。
王墨泉，你的作业又看不清了！

以下这些同学的批注有错别字，要订正！
黄博锐：颤抖。
许臻男：家乡。

陶张永：曾经。

王浩然：悲惨。

王怡岚：觉得。

李嘉桐：宣城。

简昊阳：应该。

今日诵读作业

·《沙与沫》精选（6），诵读 3 遍，抄写 1 遍。

·《与浩初上人同看山寄京华亲故》，诵读 5 遍，抄写 1 遍。
   自由批注。

2 月 27 日 / 愿望

孩子们好！

理解《沙与沫》有一定的难度，但你们做得很好。这次所有的批注都值得表扬！

在母亲心里沉默着的诗歌，在她孩子的唇上唱了出来。（《沙与沫》）

老师想到了斯拉德克《童话》中的内容：母亲开始是沉默的，孩子的提问引出母亲的回答，于是母亲也成了诗人！母亲和孩子唱的其实是同一首歌，从内心到唇上的歌。

沉默的诗，就是母亲默默的劳作，母亲对孩子的期待，还有母亲对孩子的过错的忍受。

没有不能圆满的愿望。（《沙与沫》）

管继航的批注是：我想到了《愚公移山》。我认为这个神话可以用来解释为什么说没有不能圆满的愿望。搬走太行山和王屋山是愚公发自内心的愿望，也是愚公家世世代代的愿望。就算天帝和大力神不帮忙，愚公一家世世代代也会挖下去，大山也总有一天会被移走的！

感谢管继航！你的批注启发了老师，让老师想到了夸父追日、精卫填海、刑天舞干戚……只要人们能够像这些神话人物一样不怕牺牲、勇敢战斗，坚持不懈地追求光明和正义，他们的愿望就会变得圆满。他们是愚公、夸父、精卫、刑天在人间的化身。

"愿望"不是不劳而获的欲望，也不是不着边际的空想。愿望是发愿人热切的渴求，来自发愿人百折不挠的行动与恒心。这样的愿望也是一种召唤力，所以有了"前赴后继""薪火相传""不绝如缕"这样的词语。还记得电影《我和我的祖国》吗？它就是无数前辈对中国革命取得成功、中国建设取得伟大成就的愿望实现的缩影。

很多时候，我们也要调整自己的愿望，想想自己到底要的是什么，要得对不对。

比如在课堂上，老师提出一个问题，没有人答得出来，老师会降低难度，换一个问题，然后大家都答出来了。最终，不但问题得到了解决，老师也得到了满足！

不过，愿望要合理，不合理的愿望，不劳而获的愿望，都将让发愿人付出惨痛的代价。比如《守株待兔》里的那个宋国农人，比如差点儿留在傻瓜国的巴斯蒂安。

从一个愿望走向另一个愿望，巴斯蒂安最后找到了真实的愿望，也找到了真实的自己；而幻想王国的生命之水，就是现实世界里父亲为他流下的一滴泪！

愿望，真是一个说之不尽的话题啊！

请大家重读《五毛钱的愿望》《波普先生和企鹅》《驴小弟

变石头》《犟龟》，还有老师的荒岛之书——《永远讲不完的故事》。

原来《永远讲不完的故事》是一个关于"愿望"的故事，原来愿望也可以是生长和变化的。

"这就是你的路！"每次读到阿伊欧莱夫人的话，老师都会热泪盈眶。

与浩初上人同看山寄京华亲故

［唐］柳宗元

海畔尖山似剑铓，秋来处处割愁肠。

若为化得身千亿，散上峰头望故乡。

关于"化身"，马成浩的批注很妙：孙悟空的每一根小猴毛，都是他的化身。

对比《宣城见杜鹃花》，同样是思乡，李白低回萦绕，柳宗元则痛彻心扉！为什么这么说呢？请大家注意中间两句——入声字都在这两句。"秋来处处割愁肠"的"割"，传达多么尖锐、深刻的疼痛！"若为化得身千亿"，"若""得""亿"为什么这么斩钉截铁？因为柳宗元知道，这是不可能的事！

海畔尖山似剑铓啊，海畔尖山似剑铓！这时候再读第一句，我们感觉到的，就不仅是笼罩全篇的痛感，还有海水的苍茫与苦涩，那是诗人字面上没有表达出来的、秋来时时涌上心头的思乡泪。

· 《人人为人人》，诵读 3 遍，抄写 1 遍；参照前三节的样子进行仿写。

· 《煤的对话》，诵读 3 遍，抄写 1 遍；自由批注，并大声背诵这首诗。

2月28日 / 请给我以火

孩子们：

春天好！老师收到 40 份诵读作业。

人人为人人

[波兰] 图维姆 | 韦苇/译

石匠盖房子，
裁缝做衣服。
但是裁缝要是没有屋，
露天他可怎么干活。

要是没有巧手缝衣服，
缝出裤子缝围腰，
石匠光着膀子干活，
他可怎么受得了！

烤面包的师傅，
穿鞋子得拜托鞋匠。
鞋匠不吃面包，
哪能缝得这么欢？

这道理一说就明白：
我们干的样样都不可少。
那么让咱们就好好干吧，
诚实，互助又勤劳！

下面是李稼良的仿写：

要是没有妈妈摆小摊，
出售便宜衣服和鞋袜。
大家都到商场买，
穷人怎么受得了！

要是没有批发商，
妈妈就没有地方进货。
如果没有农贸市场，
妈妈到哪里去摆小摊？

很接地气、很懂事的仿写啊！

李稼良，你让老师怀念起了农贸市场的热闹。等疫情过去，老师一定去你妈妈的小摊买东西，一定给你妈妈念你写的这首小诗。

煤的对话

艾青

你住在哪里？

我住在万年的深山里
我住在万年的岩石里

你的年纪——

我的年纪比山的更大
比岩石的更大

你从什么时候沉默的？

从恐龙统治了森林的年代
从地壳第一次震动的年代

你已死在过深的怨愤里了么？

死？不，不，我还活着——
请给我以火，给我以火！

综合大家的发言，老师做如下分享：

这是艾青在想象中和"煤"的对话，其实也是艾青的自言自语。全诗都是问一句，答两句。问一答二的节奏说明什么？说明"煤"遭到的压抑和孤独太深太久，太需要关注和交流，太渴望解放和燃烧。

万年的深山，万年的岩石；年纪比山更大，比岩石更大；从恐龙统治森林的年代，从地壳第一次震动的年代！大家有没有发现，时间越来越长，作者要表达的感情也越来越浓烈。这说明煤形成和埋藏的时间无比古老，也说明煤重见阳光、发出光热的愿望无比强烈！

这才是真实的愿望啊！这么久的埋没和压抑，如果是《一千零一夜·渔夫和魔鬼》中装在瓶子里的那个魔鬼，早就把期待变成仇恨了；如果是《驴小弟变石头》里的驴小弟，爸爸妈妈再不来，他慢慢就失去意志，忘记自己是驴小弟了。

而"煤"呢？即使上亿年过去，仍然记得自己曾经是树木、土地、雨水和阳光的孩子；还梦想着回到阳光下，梦想着给世界带来光和热，回报太阳、天空和土地。

这是多么恒久的坚持！多么强大的愿力！多么震撼人心的爱！

从《煤的对话》中，我们可以猜出，当时艾青怀抱着报国的热情，却得不到施展的机会，所以他感到痛苦和压抑，但他却没有绝望！于是诗人托物言志，以煤自喻，发出燃烧的呼喊和请求。因为诗人认为不曾奉献、奋斗、燃烧的人生，与没有活过是一样的。

《煤的对话》写在1937年，几十年过去，这首诗像一枚火炭，照亮、点燃了无数人的心。它告诉我们要珍惜父母、教师给予的期待和帮助，要珍惜每一次绽放、燃烧的机会；还告诉我们要守得住寂寞，要有做长期努力的准备。这样的人，才是蕴含光热的"煤"，才有资格呼唤"火"。

"请给我以火，给我以火！"老师就是这"煤"，同学们的学习热情，就是点燃老师的"火"！

亲爱的同学们，当你们在课堂上举手，希望被老师点名的时候；当你们在家诵读、批注，希望得到老师点评的时候，你们就是那"煤"。

今日诵读作业

《沙与沫》精选（7），诵读3遍，抄写1遍。自由批注。请联系实际举例说明，不要绕着圈子说空话。

2月29日 / 我和另一个我

亲爱的孩子们：

你们好！

以下同学的批注紧扣原文，思路清晰：

陈潇颖、管继航、罗婧妍、简昊阳、许臻男、汤雅馨、黄博锐、罗雅诗、马宇轩、李嘉桐、焦雯娜。

我和另外一个我，从来没有完全一致过。事物的实质似乎横梗在我们中间。

你的另外一个你总是为你难过。但是你的另外一个你就在难过中成长，那么就一切都好了。（《沙与沫》）

我们看看以下两位同学对于纪伯伦《沙与沫》精选（7）的批注——

李嘉桐的批注是：当北欧众神跟着火神洛基齐心欺骗冰霜巨人的时候，当他们为自己不劳而获凭空得到神殿而高兴的时候，如果北欧众神能够为自己的阴谋诡计感到难过，那就好了！

黄博锐的批注是：我想起了"吾日三省吾身"，这里有两个"我"！第一个"我"正在做，第二个"我"是在事情过去以后想：当时我那样做对不对呢？

黄博锐，老师沿着你的思路接着说：这两个"我"很少完全一致。好比我们读一首诗，每次都会有新收获。这个总在更新、变化的体会，就是总在更新、成长的另一个"我"。

诗歌的含义也就是事物的本质，既是事物本身蕴含的，也是我们创造和发现的。事物的本质和我们的关系，就像"煤"和"火"。

亲爱的孩子们，让老师也举一个例子吧！那就是《小老鼠上灯台》。

被奶奶拒绝的小老鼠一定很难过！可如果他在这难过中记住了以后不要贪吃，懂得了奶奶富有智慧的爱，那他就成长了，一切就都好了！

被拒绝，被限制，承受痛苦、失望——这些都是成长必须经历的。容易走的都是下坡路！为了成长，我们一起加油！

今日诵读作业

· 《征人怨》，诵读 5 遍，抄写 1 遍。
· 《黄鹂》，诵读 3 遍，抄写 1 遍。

　　自由批注。

3月1日 / 沉默的黄鹂

孩子们：

早上好！

征人怨

〔唐〕柳中庸

岁岁金河复玉关，朝朝马策与刀环。

三春白雪归青冢，万里黄河绕黑山。

柳中庸的《征人怨》大家解释得很好！结合注释理解诗意，这是中年级应当有的学习本领。

很多同学想起学过的唐诗。大家也把想到的诗歌写在了《征人怨》的旁边，这很好！大家的联想可以分为两类：

一是内容（题材）相似，比如《出塞》《凉州词》《逢病军人》……都是征人诗。

二是形式（写法）相似，比如《登鹳雀楼》《绝句》《宣城见杜鹃花》……都有两组对仗，结构相同。

黄鹂

徐志摩

一掠颜色飞上了树。

"看，一只黄鹂！"有人说。

翘着尾尖，它不作声，

艳异照亮了浓密——

像是春光，火焰，像是热情。

等候它唱，我们静着望，

怕惊了它。但它一展翅，

冲破浓密，化一朵彩云；

它飞了，不见了，没了——

像是春光，火焰，像是热情。

老师综合大家的批注做了一个总结，看看你的批注是否藏在里面。

这首《黄鹂》让我们想到杜甫的"两个黄鹂鸣翠柳"，韦应物的"上有黄鹂深树鸣"，台湾童谣《蜗牛与黄鹂鸟》！

像是春光，火焰，像是热情。

两节结尾重复出现的这一句非常重要。

第一节黄鹂飞来了,带来了春光、火焰和热情。

第二节黄鹂飞走了,带走了春光、火焰和热情,也带走了人们对黄鹂歌声的期待——满是失落感。

这是一只与众不同的黄鹂,很漂亮,很倔强,还有一些骄傲。就像《活了100万次的猫》里的那只虎斑猫,虎斑猫只爱最美的白猫,只爱和自己一样出色的同类。这只黄鹂鸟也一样,所以它不愿唱歌给人听。

可是,即便它不唱,也是迷人的!因为它的沉默,我们看到了它对自由的向往,它对伙伴的追寻。多么自信,多有个性!

关于黄鹂,几乎所有人都喜欢写黄鹂的歌声。比如杜甫、韦应物……可是徐志摩的黄鹂偏偏不唱,偏偏不理人,而且来去匆匆,把一掠艳异的颜色也带走了。

可是啊,人就是这么怪,你愈是期待,愈是失望,就愈觉得这鸟儿实在可爱!它象征着春天的美丽和热情,也象征着春天的自由和不受拘束。这才是春天的精灵!

像是春光,火焰,像是热情。

注意三个比喻之间的非如此不可的逻辑关系。黄鹂和春光自然是一体的!可黄鹂怎么可以像火焰?显然,"火焰"是诗人自己的感觉,徐志摩当时的心激动了,被点燃了!就像丑小鸭,听见天鹅的歌声感到无法言说的激动,于是像车轮一样在水面上打转。徐志摩的意思是:我就是这样的一只黄鹂!我的诗篇,就是我的颜色和歌声!

像是春光，火焰，像是热情。

注意两个"像是"：第一个"像是"指向视觉，第二个"像是"则指向内心。以"火焰"为过渡和转折，这里藏着一条暗线，从景到情，由鸟而人。

所以我们可以说，徐志摩写黄鹂，其实是写自己！

今日诵读作业

· 《榜样》，诵读 3 遍，抄写 1 遍，自由批注。

今天就诵读这一首，请认真完成。

批注时请举例。不认识的字，可查字典注音。

3月2日 / 我的好榜样

亲爱的孩子们：

老师收到 36 份批注。

表扬以下同学的批注：罗雅诗、郭伟豪、陈潇颖、黄子轩、李嘉桐、简昊阳。

这些同学有进步：胡瑞泽、朱晨露、陈邵文、杨牧野、郑成旭、马宇轩、高菡笑。

在老师眼里，你们都是可爱的蝴蝶；在同学心中，你们互相做了榜样！

榜样

［英］戴维斯 ｜ 其翔 / 译

这里是一只蝴蝶

　　做我的好榜样；

它能十分幸福地

　　躺在一块粗硬的岩石上；

没有一个朋友，孑然一身

躺在这块枯燥无味的石头上。

好，就让我的床也那么硬，

我一点也不在乎；

我要像这只小小的蝴蝶

自己寻自己的欢乐

它的快活的心

有力量把石头变成花朵一样。

请观摩王浩然的批注，他的批注也许说出了大家的心声：因为疫情，我们只能在家里学习。比起上学的日子，闭门在家的感觉多么枯燥无味！每一个认真完成学习任务的同学，都像蝴蝶把粗硬的石头变成了一朵花。只要我们自觉，书房就是课堂！这个春天也可以是收获满满的，鲜花盛开的！

老师接着王浩然的批注说：

这首诗的特点是对比，感人的力量也来自对比——孤独和幸福，粗硬和柔弱，枯燥无味和快活美丽，弱小和有力。

蝴蝶的身体和力量明明是柔弱的，蝴蝶的处境明明是孤独、粗硬、枯燥无味的，可它多么幸福、自在、快活！于是戴维斯看见了榜样，明白了一个道理。这就有了第二节。在第二节中，诗人和蝴蝶合体了！连接一、二两节的关键词，就是点题的"榜样"！

多棒的一只蝴蝶啊，多棒的一首诗！读懂了这首诗、喜欢这首诗的同学们啊，我们也与那只蝴蝶合体了。美丽的蝴蝶不抱怨石头，上进的同学不抱怨环境。因为人有改变环境的力量；因为对于别人来说，我们也是环境——当我们看着别人的时候，别人也在看着我们。

诵读《榜样》，老师想到《失落的一角遇见大圆满》《苔》《小松》；阅读批注，老师看见站在枝头的花朵，念起了谢武彰的《春天在哪里》——

风跑得直喘气

向大家报告好消息

春天来了，春天来了

花朵站在枝头上

看不见春天

就踮起脚尖，急着找

春天，在哪里

春天在哪里

今日诵读作业

· 《沙与沫》精选（8），诵读 3 遍，抄写 1 遍。
· 《春夜洛城闻笛》，诵读 5 遍，抄写 1 遍。

    自由批注。

3月3日 / 撒下一粒种子

亲爱的同学们，我可爱的蝴蝶以及小花朵们：

早晨好啊！

当你背向太阳的时候，你只看到自己的影子。（《沙与沫》）

同学们啊，你们的太阳是什么？

是父母的养育、老师的教导、同学的情谊、社会的关怀，还是我们诵读的经典？

泰戈尔的《飞鸟集》、戴维斯的《榜样》、杜荀鹤的《小松》、艾青的《煤的对话》……都是清明、温暖的春光。

面向太阳，就是追寻饮食太阳的光和热，从而长得茁壮强健，从而有能力滋养别的生命——就像太阳的宝贝儿向日葵。

背对太阳，就是拒绝光明和美好，那你的心里就只有不快和荒芜。

丁聪，读诗不能只看字面——背对着太阳不是晒背哦！

撒下一粒种子，大地会给你一朵花。（《沙与沫》）

在安徒生的童话里，第五粒豌豆落在穷人家的窗台上，把一片青苔变成了一座小花园。进到土里的种子，无论落在什么地方，只要肯努力，就一定会有收获。

土地和种子，好比世界和我们每一个人，大地怎会辜负种子的努力？！父母和老师怎会无视孩子的勤勉？！

户玉彤的批注最棒：我发现纪伯伦说的都是生活中的事实。处处留心皆学问，好诗就是从日常生活中汲取阳光开出的花朵。

春夜洛城闻笛

〔唐〕李白

谁家玉笛暗飞声，散入春风满洛城。
此夜曲中闻折柳，何人不起故园情！

很多同学联想到王之涣《凉州词》中的句子：

羌笛何须怨杨柳，春风不度玉门关。

同学们说，李白和王之涣都是闻笛声而思故乡；他们听到的是同一支曲子，叫《折杨柳》。可见《折杨柳》在唐代很流行，也可见很多唐代读书人过着漂泊的生活。那个洛城吹笛人，很可能是一个游子！

于是老师想到了爱尔兰风笛《南来风》，这是我们班的最爱！请大家和父母一起聆听《南来风》。我猜啊，当温软的笛声响起时，很多同学会和老师一样，情不自禁地念起这样的句子：此夜曲中南风软，何人不起校园情！

疑问句开头，反问句结尾，是《春夜洛城闻笛》的特殊写法。

"谁家玉笛暗飞声"，疑问的语气加上仄声词"玉笛"，一种吃惊、刺痛的感觉就出来了。

"散入春风满洛城"，表面上是写洛城之夜的静、春风玉笛的美，其实说的是诗人的感觉：这一刻，李白的耳中只有笛声；这一刻，整个洛城也只有笛声。而春风的吹拂，也只为了传播笛声。为什么有这种感觉呢？答案在"此夜曲中闻折柳，何人不起故园情"这两句诗中。

原来玉笛吹奏的是抒发离别之情的《折杨柳》。原来东都洛阳的每一间客栈，都住着漂泊在异乡求学求职的游子。全诗以反问句结束，强调乡愁的浓烈和普遍。于是，"散入春风满洛城"的是笛声，也是笛声唤醒的"故园情"。

"谁家"呼应"何人"，"暗飞声"是因为闻笛在"此夜"，"故园情"源自《折杨柳》，洛城春风则令游子于此夜的玉笛声中，想见故园杨柳！

丁聪的批注是：我有些心疼杨柳，虽然明明知道杨柳不怕折。折杨柳是表示挽留，这是从入声字"折"字上感觉到的。

丁聪，你的感觉不错啊！

· 《柠檬》，诵读 3 遍，抄写 1 遍。

· 《与史郎中钦听黄鹤楼上吹笛》，诵读 5 遍，抄写 1 遍。

自由批注，不认识的字，可查字典。

3月4日 / 柠檬想到远方去

柠檬

[日]畑地良子 | 朱自强/译

柠檬
一定是想到远方去。

薄薄地切一切
就会明白柠檬的心。

薄薄地切一切
滚出来好多个车轮。

散发着好闻的香味儿，
车轮，车轮，车轮。

柠檬
一定是想到远方去！

《柠檬》这首可爱的小诗，很多同学都读偏了！

作者明明说的是"好闻的香味儿"，是属于鼻子掌管的嗅觉；

可很多同学说来说去却老说酸，那是属于味蕾掌管的味觉！这说明什么？说明大家没有细读、细品。而同学们的误读和大意，恰恰证明畑地良子的别出心裁！她呀，偏偏不写柠檬其酸无比的口感，而是写柠檬清香好闻的气味，让我们聚焦于柠檬好闻的香味儿！

柠檬
　　一定是想到远方去。

是全诗开头，表示肯定语气的句号带出的疑问：为什么说柠檬想要去远方？根据在哪里？

二、三两节就是理由：柠檬里面藏着车轮，车轮迫不及待地滚出来；车轮代表柠檬的心！柠檬的心啊，渴望远行！

去远方为了啥？只是为了玩耍和散心吗？

第四节把答案告诉了我们：这些车轮啊，一枚枚蕴藏着、散发出好闻的香味儿。就像我们的香樟树片，只要我们嗅到那气味儿，就会想起课堂和校园，想起2018年冬天的暴雪！香樟树片也想去远方呢！香樟树片想去的远方，不是空间和地理层面的远方，而是时间和感情层面的远方，是藏在我们的记忆和成长里的远方。

柠檬
　　一定是想到远方去！

这是第五节，如果不看标点，简直跟第一节一模一样！一样的句子，开头用句号，结尾用感叹号。结尾这里有笃定的语气，有自豪的感觉，还有由衷的赞美！反复出现的句子，一定要有这种升华，否则就是机械的重复。

我们可以想象：薄薄地切开柠檬的一瞬，诗人闻到了柠檬的香味儿，同时看到携带香味儿的滚滚车轮。这香味儿，原本来自远方的果园；这车轮，正迫不及待地要把香味儿带向更远的地方！诗人受到极大的震动，于是有了这样的想象和赞叹。于是，震动了畑地良子的携带香味儿的车轮——也进到了我们的心灵！

柠檬就是香的，老师买柠檬就是为了享用它的气味儿！香味儿是柠檬的内涵。只要你拥有美好的内涵，你就能去远方，就不会被困在原地。

以下是老师的仿写：

香樟树叶，想要去远方。
轻轻地摇一摇，香味儿就是它的翅膀。

泰戈尔，一定是想到远方去。
诵起《飞鸟集》，诗人就从印度来到我们身旁！

三月的我们，人人都想到远方去。
诵起同一首诗，我们全体飞出小区回到课堂！

下次各位家长买水果的时候，顺便买一个柠檬，体会柠檬的香味儿。薄薄地切一片，看柠檬的横切面，有轮辐，特别像车轮。

与史郎中钦听黄鹤楼上吹笛

〔唐〕李白

一为迁客去长沙，西望长安不见家。
黄鹤楼中吹玉笛，江城五月落梅花。

江城，就是今天的武汉。

很多同学指出：我知道为什么"为"字读平声，因为这是一首平起七言律绝，可以据此推算出来！

还有同学说：跟《春夜洛城闻笛》一样，这里也是闻笛，也是思乡。诗人上回听到的是《折杨柳》，这回听到的是《梅花落》。"散入春风满洛城"和"江城五月落梅花"表达的是同一种情绪，不过"落梅花"的味道更清冷，含有更多孤独和忧伤。

这种清冷孤独的基调，第一个字就定下了。"一"是入声字，"一"也透着无边的孤单。老师说过，凡是入声字开头的诗，情绪大多不平。比如"白发三千丈""白日不到处""独在异乡为异客""毕竟西湖六月中""黑云翻墨未遮山""月落乌啼霜满天"。

四川绵阳是诗仙故里，所以，李白在《宣城见杜鹃花》里说："三春三月忆三巴。"但他在《与史郎中钦听黄鹤楼上吹笛》中却说："一为迁客去长沙，西望长安不见家。"

　　那么，问题来了：李白的故乡，究竟是哪里？

　　回答了这个问题，就回答了以前同学们问过的：为什么他们要离开家乡？为什么要一边想家，一边漂泊？

　　在古代，怀抱理想的人，也就是宦游者，通常有两个故乡：一个是出生和长大的地方，就是我们常说的"老家"；一个是他们从读书明理的那一天就向往的地方——帝乡京城，也就是长安。他们认为，只有在京城站稳脚跟，取得前程，才能实现抱负，一生才算找到归宿。这是他们精神上的故乡。

　　"迁客"，是遭流放的罪臣；"长沙"，是西汉贾谊受权臣谗毁，贬官的所在地。此时的李白也是获罪流放，他身在江城，远离帝乡，感觉自己的经历与贾谊相似。所以，第一句是同病相怜的联想。

　　接上句，贾谊贬官在长沙的日子里，日夜思念国都长安，思念可以施展才华的人生舞台与拼搏的战场！那是有志男儿的梦中故乡！李白也一样啊，所以他说："西望长安不见家。"

　　同学们，如果你们的志向是上某所大学，那么这所大学就是你们的故乡。如果你们的志向是攀岩或者冲浪，那么高山峻岭、辽阔海洋就是你们的故乡。

　　你们今天的努力，都是走在回家的路上。但愿到你们实现自己的志向的时候，你们还记得生养你们的老家，记得合肥和母校，记得

2020 年春天在家读诗的日子！

今日诵读作业

· 《星星和蒲公英》，诵读 3 遍，抄写 1 遍。

· 《少年行（其一）》，诵读 5 遍，抄写 1 遍。

3月5日（惊蛰） / 星星和蒲公英及少年

亲爱的孩子们：

春天好！

柠檬车轮的图片，是石贤齐发送到群里的吗？看着就有清新爽朗的感觉！

老师收到 64 份批注。全班 46 名同学，42 名同学交来批注作业。其中 22 名同学批注了两首诗。

老师批阅时感觉自己是在校园里，我们师生一起在大操场上看寒霜，在跑道边欣赏、疼爱蒲公英，在小操场上抬头看日月同辉！

朱雨杭、罗婧妍、郭伟豪、王浩然、管继航……越来越多的同学把批注写成一段小短文，既紧扣原文，又联系实际。我们现在所做的就是在珍惜春光，就是在咬紧牙关，等待开学！

星星和蒲公英

[日] 金子美铃 ｜ 吴菲 / 译

蓝蓝的天空深不见底，

就像小石头沉在大海里，

一直等到夜幕降临，

白天的星星　眼睛看不见。

看不见它却在那里，

有些东西我们看不见。

干枯散落的蒲公英，

默默躲在瓦缝里，

一直等到春天来临，

它强健的根　眼睛看不见。

看不见它却在那里，

有些东西我们看不见。

关于《星星和蒲公英》，同学们不约而同地扣住了两个关键词："等待"和"珍惜"。

我们先说等待。等待本身就是一种自觉的力量。在等待中，等待的人在积蓄力量，在默默成长。那力量、那成长，别人是看不见的，但它们是真实存在的！

《小松》《竹石》《第五粒豌豆》《煤的对话》，都是关于等待的故事；侯拉师傅让毛毛等待，天真女皇让阿特莱尤等待，苏武牧羊十九年，玫瑰公主沉睡一百年……等待需要耐心。耐心是信任，耐心也是自信。我们要对别人有耐心，我们首先要对自己有耐心。

再说珍惜。星星和蒲公英经历过漫长的等待，才会珍惜夜空和春天。等到复学，我们会更加珍惜上学的日子！

我们正在等待，然而我们不能无所事事地空等！我们要像蒲公英一样，用沉默的努力等待复学，否则到时候春光和绽放都是别人的，而我们还是两手空空。

这两节诗之所以先写星星后写蒲公英，是因为蒲公英要做的不仅是等待！

想一想，蒲公英为什么是枯萎散落的？为什么藏在屋瓦的缝隙里？这棵蒲公英呵！它究竟遭遇了怎样的打击和不幸？它的处境，究竟是怎样的艰难和孤单？它的日子，远远比不上窗台上的第五粒豌豆。

想一想，金子美铃为什么不写太阳等待黎明？为什么不写桃、李、杏等待春光？

我们从星星和蒲公英的身上，看到的是怎样的一个金子美铃？

金子美铃就是星星和蒲公英。

金子美铃所有的诗，都是经过漫长的等待和孤独的痛苦后闪烁出来的星光、绽放出来的花朵。我们要珍惜，我们要学习！

有些事物看不见，但存在着。比如空气、电磁力、益生菌、关注、坚持、耐心、魅力、芳香……世界之所以存在，并且生生不息、繁荣美丽，就是因为有这些看不见但存在的东西，就像在泥土底下，向更深、更黑处延伸的树根。

我们渴望绽放。绽放的前提是心中有光，脚底有根。

心中的光，脚底的根，就是眼睛看不见但存在的东西。这些东西是最珍贵、最重要的！我们都是拥有光和根的人，我们加油！我们努力！

少年行（其一）

［唐］王维

新丰美酒斗十千，咸阳游侠多少年。

相逢意气为君饮，系马高楼垂柳边。

王维的《少年行》，非常少年，非常俊朗，非常自信，非常春天！大家都能够根据注释理解诗句意思，这很好！

这是一首七言古绝，比较少见。

为什么要写成不合格律的古绝呢？因为诗人感觉自由自在！为什么要写成七言，而不是常见的五言古绝呢？因为诗人喜欢那一份飘逸、浪漫和俊美！

今日诵读作业

· 《沙与沫》精选（9），诵读3遍，抄写1遍。认真批注。
· 《营州歌》，诵读5遍，抄写1遍。

3月6日 / 华丽、可口与舒适

亲爱的孩子们：

早上好！

营州歌

［唐］高适

营州少年厌原野，狐裘蒙茸猎城下。

虏酒千钟不醉人，胡儿十岁能骑马。

高适的《营州歌》同学们解释得很好。

黄子轩的批注是：这又是一首七言古绝，这又是一首《少年行》。王维是咸阳少年行，高适是营州少年行。咸阳和营州风土人情不同，少年气象也不同。比起"新丰美酒斗十千"，"虏酒千钟不醉人"更豪爽。"狐裘蒙茸""十岁骑马"的胡儿好帅、好英武！

很多同学联想到《塞下曲》《陇西行》，还有《鄂伦春小唱》。

你的最华丽的衣袍是别人织造的，你的最可口的一餐是在别人的桌上吃的，你的最舒适的床铺是在别人的房子里的。那么请你告

诉我，你怎能把自己同别人分开呢？（《沙与沫》）

　　诵读纪伯伦的这一段格言，很多同学想到了波兰诗人图维姆的《人人为人人》。

　　韩妙可想到了艾青的《树》：

　　　　　　一棵树，一棵树

　　　　　　彼此孤离地兀立着

　　　　　　风与空气

　　　　　　告诉着它们的距离

　　　　　　但是在泥土的覆盖下

　　　　　　它们的根生长着

　　　　　　在看不见的深处

　　　　　　它们把根须纠缠在一起

　　罗婧妍想到了叙利亚诗人阿多尼斯的诗句：

　　　　　　生活，让你和他人相聚，可是，

　　　　　　生活是否让你和你自己相聚？

　　朱雨杭的批注是：教师、清洁工、医护人员、销售人员……他们都是各行各业不能缺少的，每一个人都不能够和别人分开。不仅人和人不能分开，我们和大自然的山川，和大自然里的动植物也不能分开。整个地球，都是一个整体！

许臻男同学质疑道：最华丽的衣服，最可口的饭菜，最舒适的床铺，一定来自别人那里吗？我们不是一直主张自己的事情自己做，自食其力最光荣吗？我就觉得自己做的最好吃！

老师试着为纪伯伦辩护：

这里的华丽、可口、舒适，不仅是身体层面的视觉、味觉、触觉，更是心灵和情感层面的，是被关爱的感觉。

人活着，不是只有衣服、食物、床铺、房子就够了，我们更需要亲情、友情、师生之情、邻里之爱。否则，无论吃得多好、穿得多美、住得多舒适，都会觉得不安全、不自在。

在纪伯伦这里，衣服之所以华丽，食物之所以可口，床铺之所以舒服，都是因为其中蕴含着情谊和关爱。

许臻男，如果你做了一道好菜，你第一时间会想到什么？老师猜你一定是想和父母、朋友分享。因为分享会让美味带来的快乐倍增，让美食升级，以达到"最可口"的境界。那因分享而多出来的可口，就是来自别人的给予。

当我们觉得孤独，聪明的做法是暂时放下自己的痛苦，发挥主观能动性去帮别人。在某种程度上，帮助别人就是向外界发出求救信号，我们往往也能从中得到自救。

当我们感觉自己足够强大，更应该帮助别人，因为爱就像车轮，只要它转动起来了，就会有回报，就能前进。

· 《悬崖边的树》，诵读 3 遍，抄写 1 遍。

· 《如果我能使一颗心免于哀伤》，诵读 3 遍，抄写 1 遍。

　　自由批注。

3月7日 / 不虚此生

亲爱的孩子们:

上午好!

我们先说《悬崖边的树》:

悬崖边的树

曾卓

不知道是什么奇异的风
将一棵树吹到了那边——
平原的尽头
临近深谷的悬崖上

它倾听远处森林的喧哗
和深谷中小溪的歌唱
它孤独地站在那里
显得寂寞而又倔强

它的弯曲的身体
留下了风的形状
它似乎即将倾跌进深谷里
却又像是要展翅飞翔……

人离不开人，树也一样离不开树。一棵树总是希望和别的树在一起，根牵根形成林子的。所以啊，临近深谷悬崖的这棵树，孤独、寂寞、倔强，甚至有些不幸。

　　森林的喧哗在远处，提醒着它的孤独；小溪歌唱在深谷，加深了它的寂寞。

　　只有高空的风，日夜纠缠、吹刮着它。风是树的伙伴，也塑造了树的形状。

　　于是同学们想到了《黄山松》里的迎客松、陪客松、送客松，想到了青苔里长出的豌豆苗、停歇在石头上的蝴蝶，想到了我们的老操场，想到了跑道边上的蒲公英——随时被人践踏，依然灿烂开放！

　　马宇霄的批注是：曾卓写这首诗的时候，一定也是孤独寂寞、饱受打击的，甚至处境危险。就像蝴蝶是戴维斯的榜样，悬崖边的树是曾卓的榜样。悬崖边的树看起来随时会跌落，然而它挺住了，就在悬崖的边上、就在诗人的心中展翅飞翔！所以这首诗的题目也可以叫《飞翔的树》。

如果我能使一颗心免于哀伤

[美] 艾米莉·狄金森 ｜ 江枫 / 译

　　如果我能使一颗心免于哀伤

　　我就不虚此生

如果我能解除一个生命的痛苦

平息一种酸辛

帮助一只昏厥的知更鸟

重新回到巢中

我就不虚此生

　　《如果我能使一颗心免于哀伤》是老师最爱的诗之一；狄金森是老师最爱的诗人，因为她写的多是小事情。

　　哀伤、痛苦、酸辛、昏厥，是狄金森常常能感受到的别人的不幸。她为什么能有如此感受？一方面是因为她善良，另一方面是因为她自己也常常陷在痛苦中。于是诗人期待使一颗心免于哀伤，解除一个生命的痛苦，平息一种酸辛——"帮助一只昏厥的知更鸟"。这是狄金森的心愿，是她真挚且坚韧的善良。请大家注意"一颗""一个""一种""一只"，"一"是最小的自然数，"一对一"是生命之间最真实的连接。如果你曾一对一地帮助过别人，你的日子就拥有了真实不虚的价值和意义。

　　管继航的批注是：哀伤、痛苦、酸辛，这就是狄金森日常的处境。我查到狄金森是患有肾脏疾病的。诗里的"痛苦"是别人的，也是她自己的；是身体方面的，也是心灵的。因为诗人总是敏感的！

老师补充：病弱而坚韧，善良且富有才华，如此爱着世界的狄金森，偏偏一生没有婚嫁，一生没有走出她居住的小镇。她生前发表的诗也不超过十首。诗人的一生，是怎样的孤单、寂寞和酸辛？

马成浩的批注是：没有人喜欢痛苦，但痛苦谁也逃避不了。换一个角度看，痛苦也是有营养的。

老师补充：一个从来没有品尝过痛苦的人是麻木的，这种人不可能同情别人，也不可能帮助别人。正是在帮到别人的时刻，狄金森看到了自己的价值和力量，生命中的黑暗和寒冷也被照亮和温暖。

重复出现的"我就不虚此生"，是一种确认，也是她在给自己鼓劲！我们今日的诵读与感动证明：狄金森此言不虚。

朱雨杭的批注是：不幸染上肺炎的小学生谭诗韵，通过写病中日记，给自己也给别人带来了温暖和力量。谭诗韵做的和狄金森想做的，是同样的事情。

老师补充：帮助别人就是发出求救信号，自救之道就在其中。

无论你怎样的弱小，都有机会帮助别人。比如薛老师护送一只蟾蜍回到灌木丛中；比如小林校长呵护泰明和高桥君，鼓励小豆豆；比如小豆豆的妈妈同情、帮助来自朝鲜的正男母子——他们做的都是小事情！

最后老师想说的是本诗的译者江枫，他是一位解放军战士。江枫是在战争期间，在残酷的战斗间隙完成这首诗的翻译的。相比于战争的胜利，译诗是多么小的事情！然而，几十年过去，这些诗不知道安慰了多少孤独的灵魂，不知道平息了多少酸辛的故事！

大家认真完成诵读作业，认真上网课，就是在为世界做一件好事，就是对老师的鼓励。

今日诵读作业

· 《沙与沫》精选（10），诵读 3 遍，抄写 1 遍。
· 《题都城南庄》，诵读 5 遍，抄写 1 遍。

　　自由批注。

3月8日 / 桃花依旧笑春风

亲爱的孩子们：

老师收到 59 份批注作业。总的来说，你们的书写是工整的，批注内容也详细具体。

你不能吃得多过你的食欲。那一半食粮是属于别人的，而且也还要为不速之客留下一点面包。（《沙与沫》）

关于这段《沙与沫》——

吴媛媛的批注是：放纵不仅是一种任性，一种贪婪，也是无力和愚蠢的表现。放纵往往会带来惩罚，就像《渔夫和金鱼》里的老婆子，就像妄想成为幻想王国皇帝的巴斯蒂安。

老师补充：与放纵相反，自我克制、适可而止是美德，也是力量和智慧。这种力量和智慧，来源于自爱，也让自己和别人之间的联系变得紧密，也让自己变成一个可爱的人、会爱的人。

比如，当我们做手指谣的时候，老师总是提醒大家，声音小一点儿，不要打扰到隔壁班同学听课和思考。这样我们的快乐将因克制而倍增！别人知道了，也乐于祝福和学习我们。这就是惜福和自求多福啊！谁的幸福能和别人的祝福分开呢？

丁聪的批注是：别人可以是父母、家人、朋友家自助餐餐厅里的其他顾客……吃下过多的东西，不仅对自己的健康不利，也容易被别人讨厌和鄙视。钱是你的，可资源是大家的。比如现在这个时候，市民囤积 N95 口罩就是冲击医护人员的生命保障线。如果大家都这样只顾自己，结果只能是全体遭殃。

老师补充：老师认为，这里的贪吃代表贪婪。因为几乎在所有的自私和贪婪中，食欲是最突出和最显而易见的。

老师要隆重表扬三位做批注的"不速之客"——

朱雨杭、户玉彤批注：众神之父奥丁教育人们——永远让你们的家门对疲惫的旅行者敞开。双膝打战，跑来敲你们家门的人，要在火堆边给他留一个位置，还要准备干净的衣物、温暖的食物。

陈潇颖引用《悲惨世界》的开篇，对比面包店老板和神父对待冉阿让的不同态度，非常有说服力。

题都城南庄

［唐］崔护

去年今日此门中，人面桃花相映红。

人面不知何处去，桃花依旧笑春风。

《题都城南庄》大家解释得很好！

值得观摩的批注来自焦雯娜、许臻男、简昊阳，尤其是简昊阳。

这是一首美丽的春光诗。春光是桃花，也是年轻人的记忆和心情。美丽当中有一些失落和惆怅，然而只是很淡的失落和惆怅！为什么？因为春光大好，也因为诗中的人儿都正值前程无量的青春年华！

这种美丽中的淡淡惆怅，就内容而言，落在"今日"和"不知"两个词上；就声音而言，落在轻微顿挫的入声字上。大家注意到没有？全诗仅有的两个入声字，偏偏是"今日"的"日"和"不知"的"不"。是不是妙得很，妙得天衣无缝，妙得自然纯真？

惊蛰已过，校园里的春桂开花了，香樟新叶也在吐露芬芳。然而我们的校园却如此寂静，只有鸟儿在鸣唱。这是"人面不知何处去"，香樟依旧笑春风。

我们也有淡淡惆怅，我们同时充满信心！

以下是需要订正的同学和他们需要订正的词语：

石贤齐：怒放。

户玉彤：桃花（"桃花"写成"梅花"了）。

今日诵读作业

· 《听邻家吹笙》，诵读 5 遍，抄写 1 遍。

· 《雨声说些什么》，轻声诵读 3 遍，抄写 1 遍。

  自由批注。

3月9日 / 笙声与雨声

亲爱的孩子们：

早上好！

听邻家吹笙

[唐]郎士元

凤吹声如隔彩霞，不知墙外是谁家。

重门深锁无寻处，疑有碧桃千树花。

诵读《听邻家吹笙》时，很多同学想到了李白的《春夜洛城闻笛》《与史郎中钦听黄鹤楼上吹笛》，想到了《折杨柳》《梅花落》等古曲，还有同学想到了我们在课堂上听过的《南来风》《十面埋伏》《斯凯岛船歌》……

大家说：李白的两首闻笛诗透露着孤独和凄凉。郎士元的《听邻家吹笙》却是充满热情和期待的，因为诗歌调子欢快，也因为"凤吹""彩霞""碧桃""千树花"这些美好的词。

猜猜看，老师想到了哪首诗？

是叶绍翁的《游园不值》。叶绍翁由"一枝红杏出墙来"想到了"春色满园关不住"，郎士元由"凤吹声如隔彩霞"想到了"疑有碧桃千树花"，两者是不是很像？

老师还猜啊，邻家吹笙人吹的曲名大约是《桃花开》！

雨声说些什么

余光中

一夜的雨声说些什么呢？
楼上的灯问窗外的树
窗外的树问巷口的车

一夜的雨声说些什么呢？
巷口的车问远方的路
远方的路问上游的桥

一夜的雨声说些什么呢？
上游的桥问小时的伞
小时的伞问湿了的鞋

一夜的雨声说些什么呢？
湿了的鞋问乱叫的蛙
乱叫的蛙问四周的雾

说些什么呢，一夜的雨声？

　　四周的雾问楼上的灯

楼上的灯问灯下的人

灯下的人抬起头来说

怎么还没有停啊：

从传说落到了现在

从霏霏落到了湃湃

从檐漏落到了江海

问你啊，蠢蠢的青苔

一夜的雨声说些什么呢？

　　我们从内容和修辞手法两个方面来欣赏这首诗。

　　先说内容。很多同学由这首诗想到李商隐的《夜雨寄北》，但是余光中的《雨声说些什么》的感觉跟李商隐的《夜雨寄北》不一样。《夜雨寄北》给人的感觉是孤独、忧愁、寒冷、潮湿，还有火热的思念；《雨声说些什么》是孩子似的想入非非。因为是独自听雨，所以觉得听见、看到的一切都是活的，它们都是可以对话的朋友。这种对话是散漫的，同时又有着隐秘的逻辑。

　　一、二两节是空间层面的从近到远："楼上的灯""窗外的树"是看见的；"巷口的车"应当是听见的；"远方的路"和"上游的桥"呢，显然是由车声联想到的。

　　"上游"这个词最妙，既代表空间维度的"河之上游"，也代表时间维度的"从前"。于是引出三、四两节，引出"小时的伞""湿了的鞋""乱叫的蛙""四周的雾"。这是在时间维度上从此刻回到过去。

童年的雨伞已经杳无踪迹，小小的双脚早已长大！长大了的人啊，经历了多少世事变化。所幸雨夜里的蛙鸣如前，雾气如旧；让听雨人恍惚回到从前，望见伞下小小的"我"。

一如从前的蛙鸣和雾，又把诗人从回忆带回现实，回到"楼上"和"灯下"——这是第五节——如果结束在这里，就是一首闭环诗，也不错。

然而，"楼上的灯"问了"灯下的人"，"灯下的人"抬头说话了。

注意，"怎么还没有停啊："中，该用问号的地方用了冒号。冒号像雨点，于是又回到了雨中！在诗人的感觉里，这个雨啊——

> 从传说落到了现在
> 从霏霏落到了湃湃
> 从檐漏落到了江海

大家有没有发现？这里是在呼应前文，是再一次地从近到远，非常壮阔，非常悠远。最后一问，偏偏问向"青苔"。"蠢蠢的青苔"可不是轻视的意思哦。还记得《亲爱的三月，请进》吗？"蠢蠢的青苔"就是"含着赞美的怪罪"啊！

下面说修辞手法。

首先当然是反复！"一夜的雨声"说些什么呢？ 前五节都以此开头，并都点了题。最后一节却将"一夜的雨声说些什么呢"放在最后一句，带来结束感，也带来循环的动感，意思是：这个问题没有答案，但是非常迷人，可以一直想下去、问下去！

在《永远讲不完的故事》里，漫游山老人居住在一个封闭的巨蛋里，打破封闭的巨蛋，打破故事死循环的是巴斯蒂安；在余光中这里，打破封闭循环的是"抬起头"的诗人，还有可爱得不得了的"青苔"！

其次是顶针。顶针带来重复、绵延的感觉，加上反复点题的句子，就让读者觉得自己也置身于那样的雨中——无边无际，无始无终；不知今夕何夕，不知身在何处，让人忍不住也起了各种想象。

再次是排比。排比出现在第六节：从时间、雨势、空间三个角度写雨的无边与洪荒。

最后想说的是标点符号！关于这点，大家自己仔细琢磨。

今日诵读作业

· 《山中与幽人对酌》，诵读 5 遍，抄写 1 遍。
· 《夏天的太阳》，诵读 3 遍，抄写 1 遍。

　　自由批注。

3月10日 / 伟大的太阳与可爱的风

同学们:

上午好!

老师收到 69 份批注作业。全班 46 名同学,46 名同学都交来了作业,其中有 23 名同学批注了两首诗,但这次作业质量整体有待提高。

先看看错别字情况。

老师在课堂上说过很多次,"呻吟"的"吟"、"弹琴"的"琴"、"今天"的"今"相通。为什么? 因为都是前鼻韵母。"命令"的"令"、"铃声"的"铃"、"零分"的"零"相通。为什么? 因为都是后鼻韵母。

储思源、石贤齐、王墨泉、管继航、李瑞琪、焦雯娜、户玉彤,你们又把"琴"字写错了。

山中与幽人对酌

[唐] 李白

两人对酌山花开,一杯一杯复一杯。

我醉欲眠卿且去,明朝有意抱琴来。

李白的《山中与幽人对酌》意思非常简单,还是有人理解错了。比如丁聪、黄博锐、罗荣臻、陶张勇，后两句解得牛头不对马嘴。

后两句，李白的意思是：我喝多了想睡觉，朋友你先回去吧！如果明天还想聚，记得抱着琴来哦，我们边弹琴边喝酒！

李白跟好朋友在一起的状态是散漫随意、无拘无束的，我们读书和解诗可不能信口开河哦！

夏天的太阳

〔英〕斯蒂文森 ｜ 屠岸 / 译

伟大的太阳，大踏步走过
广阔的天空，从不休息；
在蓝色的光辉的白天，
他洒下光束比雨丝更密。

我们一一拉下了百叶窗，
使客厅里保持着阴凉，
他还是找到了一两个裂缝
伸进金光闪亮的手指头。

他穿过锁眼钻到里面去，
教结满蜘蛛网的阁楼欢乐；
他通过瓦片的裂口

向架着梯子的干草垛笑着。

同时他露出金色的脸庞，
面向花园的一切领域，
他那热烈而闪亮的目光
直射向常青藤枝的深处。

沿着海洋，循着山岭，
绕着辉煌的蓝天运行，
给玫瑰着色，教儿童高兴，
他——伟大宇宙的园丁。

我们一起来看看这首诗的内容、情绪、节奏的特点，以及它们与标点符号的关系。

《夏天的太阳》一共五节，结构是"总（第一节）——分（第二、三、四节）——总（第五节）"。

第一节总起全诗，定下赞美的调子，写天空中的太阳和密集的阳光。诗人用雨丝"比喻"光束，是否让我们想起润物的春雨？

"大踏步走过 / 广阔的天空"要连起来读。

伟大的太阳，大踏步走过
广阔的天空，从不休息；

斯蒂文森有意将一句分为两行，就是为了说明太阳步伐之壮阔有力、无可阻挡！同样的写法，二、三、四节也有，大家细品。

第二、三、四节，太阳来到人间，来到我们的家。从室内到户外，依次写阳光伸进客厅、钻进阁楼、照耀花园。注意，二、三节的太阳都是自己钻进来的！阳光不但没有破坏客厅的阴凉，还给阁楼和干草垛带来了快乐。这样写紧扣了夏天的太阳的特点——热情、顽皮、灿烂、执着，夏天的太阳是个精力旺盛的男孩子。

第五节总结全诗。"海洋""山岭""蓝天"对应"客厅""阁楼""花园"，将太阳从人间家园带回大千世界、壮阔蓝天；"沿着""循着""绕着"对应"伸进""钻到""露出"，显示出"天行健"的磅礴气势。

> 沿着海洋，循着山岭，
> 绕着辉煌的蓝天运行，

这里遥遥呼应第一节。紧接着，诗人再次将我们带回人间，让我们惊艳于玫瑰的艳丽，高兴着儿童的高兴！玫瑰的艳丽、儿童的快乐都来自太阳；世上诸多美丽与幸福，都是阳光培育浇灌出的花朵！

> 给玫瑰着色，教儿童高兴，
> 他——伟大宇宙的园丁。

同学们的心中是不是有这样一个疑问：诗人说太阳是"伟大宇宙的园丁"，是否过誉？

一点儿也不！因为对人类来说，太多生机和美丽都离不开太阳。伟大的太阳，就是伟大宇宙的园丁！

注意第五节的标点符号：跨行的长句没有了；短句增多，标点密集，节奏铿锵！这是为什么？还有啊，中间三节都是三个标点符号，首尾两节标点相对多一些，这又是什么原因？

亲爱的同学们，还记得《小王子》里那朵玫瑰的隆重出场吗？每一首好诗，都是这样一朵玫瑰啊！我们就是小王子，我们要懂得和珍惜玫瑰，不能辜负玫瑰的美丽和深情哦！

亲爱的同学们，还记得苏联伊萨科夫斯基的《风》吗？

风

［苏联］伊萨科夫斯基 ｜ 蓝曼 / 译

它小心谨慎

从侧门走出，

顺着屋顶跑过，

轻弹了几下窗户。

它把樱桃枝

拨弄，轻拂，

又同相识的麻雀

轻声儿嘀咕。

振起年轻的翅膀
多么轻松自如，
它同灰尘竞赛
不知又飞向何处。

伊萨科夫斯基的"风"，从屋子里面奔向户外，真是一个爱玩耍爱自由，同时又不失礼貌与优雅的小朋友。《风》如一曲哨笛，我们读的时候应当读得轻快而紧凑。

《夏天的太阳》是热烈、壮阔的，也是可爱、顽皮的，如同辉煌的圆号，我们读的时候应当读得铿锵有力！

以上是老师综合大家的批注做出的鉴赏。请大家看老师转发的作业照片，观摩这些同学的批注：

朱雨杭、韩妙可、许臻男、陈潇颖、罗婧妍。

今日诵读作业

· 《沙与沫》精选（11），诵读3遍，抄写1遍。
· 《题龙阳县青草湖》，诵读5遍，抄写1遍。

　　自由批注。

3月11日 / 满船清梦压星河

亲爱的孩子们:

上午好!

慷慨不是你把我比你更需要的东西给我,而是你把你比我更需要的东西也给了我。

当你施与的时候你当然是慈悲的,在授与的时候要把脸转过一边,这样就可以不看那受者的羞赧。(《沙与沫》)

请大家看老师转发的作业照片,观摩朱雨杭、周同、罗婧妍三位同学的批注。

朱雨杭同学标出了停顿符号,同时用下划线标示出重点语词。这也是批注!这表明她读懂了纪伯伦的意思,也厘清了句子的逻辑关系。

关于"慷慨",朱雨杭同学所举事例既真实又感人——那些自愿请战,前往武汉抗击新冠肺炎疫情的医护人员,是勇士,是壮士,是慷慨的施与者和拯救者!他们甚至为素不相识的同胞付出健康和生命的代价!疫情之前,他们可能并不为人所熟知;疫情过后,但愿人们不要忘记他们!

周同同学的批注是：纪伯伦提醒我们，每一个人都不能够和别人分开，当我们帮助别人的时候，千万不能有骄傲和优越的感觉。因为你不知道，什么时候自己就成了需要别人帮助的那一个人。

　　老师补充：不幸的乌云在人类的头顶盘旋，厄运的雨点随时可能从天而降。没有人知道灾难、饥荒、险情、疫情会在什么时候、什么地方发生。拥有安全、健康、财富的人们，是幸运和应当感恩的。帮助受困的同胞，是我们每一个人的责任。

　　人类是一个整体，地球上所有的生命也是一个整体。帮助别人就是实实在在地帮助自己，就是为自己可能遇到的灾难预先发出的求救信号，预先求得援助的承诺！

　　罗婧妍的批注是：真正的慷慨和善良，如春雨润物，如阳光普照，如土地滋养万物，都是自然的馈赠，且不追求回报。春雨、阳光、土地是我们的榜样。

　　朱陈露的批注是：不应该把脸转到一边，这会让人以为你不想给，更让人难为情。

　　这让老师想起一件事。有一次老师在农贸市场看见一个大姐跪地乞讨，她又冷又饿，老师就买了一袋蛋糕给她。老师看着那个大姐的眼睛说："对不起，我身上没有现钱。我只能用微信支付的方法给你买一袋蛋糕，你觉得可以吗？"

　　大姐说："谢谢，这么热乎的蛋糕！这比给我钱更有用啊！"

老师说："谢谢你啊，很高兴能帮到你一次。"

老师每次帮助别人，都会看着对方的眼睛说"谢谢"。对方也会看着我的眼睛说"谢谢"。那一瞬，老师既难过又满足。

表扬查词典解词的同学！慷慨、施与、慈善、羞赧，这些词当我们根据上下文理解的同时，也可以通过查字典获得更为严谨的解释。将二者做一个比较，是件很有趣的事情。你们平时没有时间，现在做正好。

关于"施与"，请大家查一个成语，出自《礼记·檀弓下》中的"嗟来之食"。

题龙阳县青草湖

〔元〕唐珙

西风吹老洞庭波，一夜湘君白发多。

醉后不知天在水，满船清梦压星河。

《题龙阳县青草湖》这首诗，罗婧妍的解读最好！老师整理如下：

"西风吹老""一夜""白发多"，说明诗人心境很荒凉，有一种无力、凋落的感觉。

"湘君"有两个解释：有的说是帝舜死后的身份——湘水之神，有的说是帝舜的两位夫人娥皇和女英。她们是姐妹，帝舜去世后，姐妹俩悲痛而死，成为湘水女神，也叫"湘夫人"。"湘君"因失去亲人而痛苦至极，一夜白头。诗人用"湘君白发多"来对应"吹老洞庭波"，他内心深处的悲痛之情也跃然纸上。

"醉后不知天在水，满船清梦压星河。"这个时候唐珙游玩洞庭湖，在船上做梦，可是因为现实太凄凉了，梦也好不到哪里去。这一夜，他做的不是美梦，是清冷的梦。"星河"给人的感觉很清冷，有点儿像李商隐的"碧海青天夜夜心"。

今日诵读作业

· 《出塞曲》，诵读 3 遍，抄写 1 遍。认真批注。

3月12日 / 请为我唱一首出塞曲

亲爱的孩子们：

上午好！

收到 40 份批注，老师非常高兴！

想一想，在课堂上，无论如何也不会有 40 名同学举手发言啊！

出塞曲
席慕蓉

请为我唱一首出塞曲

用那遗忘了的古老言语

请用美丽的颤音轻轻呼唤

我心中的大好河山

那只有长城外才有的清香

谁说出塞歌的调子都太悲凉

如果你不爱听

那是因为歌中没有你的渴望

而我们总是要一唱再唱

想着草原千里闪着金光

想着风沙呼啸过大漠

想着黄河岸啊　阴山旁

英雄骑马壮　骑马归故乡

诵读席慕蓉的《出塞曲》，很多同学想到了我们学过的边塞诗。比如王翰的《凉州词》、高适的《营州歌》、卢纶的《塞下曲》、岑参的《凉州馆中与诸判官夜集》《走马川行奉送封大夫出师西征》……当然，最著名的是王昌龄的《出塞》。让我们重温这些句子：

醉卧沙场君莫笑，古来征战几人回。（王翰《凉州词》）

欲将轻骑逐，大雪满弓刀。（卢纶《塞下曲》）

秦时明月汉时关，万里长征人未还。（王昌龄《出塞》）

何当金络脑，快走踏清秋。（李贺《马诗》）

虏骑闻之应胆慑，车师西门伫献捷。（岑参《走马川行奉送封大夫出师西征》）

我们读过的征人诗、边塞诗，大多是悲凉或悲壮的。席慕蓉却说：谁说出塞歌的调子都太悲凉？

这是一个反问句，表示完全不同意我们的感受！为什么会这样？是席慕蓉读到上述诗句就觉得亲切舒爽，还是因为她唱的《出塞曲》根本就是另一种情感和曲调？

隆重表扬朱雨杭、黄博锐、管继航、简昊阳、韩妙可五位同学！他们想到了南北朝时期流传的一首牧歌——《敕勒歌》，这出乎老师的意料！

> 敕勒川，阴山下，
>
> 天似穹庐，笼盖四野。
>
> 天苍苍，野茫茫，
>
> 风吹草低见牛羊。

回头说《出塞曲》的第一节，关键句是"遗忘了的古老言语"。

站在席慕蓉的角度，这才是长城以外的歌声啊！和"长安花落""杨柳春风"不同，《敕勒歌》中所描述的是另一种令人思念、向往的壮阔之美！在席慕蓉看来，只有用本民族的语言，才能呼唤那片山河真实的名字；只有在那古老而美丽的颤音中，那片山河才被真正地哀悼。

可是我们诵读的《敕勒歌》，已是一首古老的译作——由鲜卑语译成汉语，是汉诗。在时光的长河里，就连鲜卑族都消失在历史的烟尘中了，更不要说鲜卑语。

岁月无情，乡音是很容易被遗忘的。为了生存，人们总是努力去适应和融入新环境。比如老师的老家是江苏海安，6 岁时，我离开家乡来到安徽霍山；老师的孩子生长在合肥，是地道的安徽人。仅仅五十年过去，老师家就只有老师 93 岁的母亲能说地道的海安话了。老师的孩子听得懂，却一句也不会说；到了老师的孙子这一辈，他们一句海安话也听不懂了。可是，对于老师的母亲来说，五十年改不掉的乡音始终是横在她与别人之间的一道障碍。老师的母亲最羡慕的，就是会说普通话的老人家。

我们回过头来说席慕蓉。

席慕蓉的祖籍是内蒙古察哈尔盟明安旗，据说她的外婆是能骑善射的王族公主。席慕蓉全名穆伦·席连勃，意即大江河。这个好听的蒙古名字是她的外婆起的，外婆给她起这个名字，是为了纪念家乡的母亲河西喇穆伦河。

穆伦·席连勃于 1943 年出生于重庆，幼年在香港度过，成长于台湾，1964 年到比利时布鲁塞尔皇家艺术学院进修……不知道什么时候，"穆伦·席连勃"变成了"席慕蓉"，"慕蓉"像是从"穆伦"音译过来的。如今，除了零星的词语，诗人席慕蓉可能已经不会说蒙古语了；对于画家席慕蓉而言，草原风光大约也是遥远的梦境！

古老的言语既已遗忘，谁还能用那遗忘了的古老言语呼唤？

可见，第一节中的"美丽的颤音""轻轻呼唤"，只能发生在想象中了。"遗忘""古老""美丽""呼唤"，还有"大好河山"，藏在这些漂亮的词语后面的，是无可挽回的悲凉。

于是第二节就说到了长城外的家乡，说到了"悲凉"和"渴望"。

黄河远上白云间，一片孤城万仞山。（王之涣《凉州词》）
五原春色旧来迟，二月垂杨未挂丝。（张敬忠《边词》）

琵琶一曲肠堪断，风萧萧兮夜漫漫。（岑参《凉州馆中与诸判官夜集》）

中原人觉得边塞是荒凉的，可在席慕蓉看来，那是长城外才有的清香。只有生长在那里的人，才能体会和热爱这特殊的清香。因为这是家的味道。

这就带出了第三节的"故乡"：大漠草原的故乡，长城外的故乡，草黄马正肥的故乡。

"而我们总是要一唱再唱"中的"总是要"的意思，其实是"总是想"——并由此用"想"串联起一组排比句。

"英雄骑马壮　骑马归故乡"，这也是"想"，是沿着"黄河岸""阴山旁"一泻而下的不可遏止的渴想。

这种"想"是充满疼痛的，不光是席慕蓉，我们都回不去了！因为阴山已经成了沙漠，"而我们总是要一唱再唱"。

诗人非常固执。这是一种坚持，是对遗忘的拒绝，表示她还没有绝望。"长城外的清香""千里草原"——只要记得，就有希望。

我们在沙漠植树造林，在山区退耕还林，就是在追寻同一个梦想。56 个民族 56 朵花，民族大团结是世代交流的结果，我们要珍惜！

请大家跟丁聪一起，听蔡琴老师唱的《出塞曲》。

请大家和父母一起，听德德玛老师唱的《美丽的草原我的家》。

今日诵读作业

· 《雨晴》，诵读 5 遍，抄写 1 遍。
· 《沙与沫》精选（12），诵读 3 遍，抄写 1 遍。

自由批注。

3月13日 / 却疑春色在邻家

亲爱的孩子们：

上午好！

老师收到 58 份批注作业。

雨晴

［唐］王驾

雨前初见花间蕊，雨后全无叶底花。

蜂蝶纷纷过墙去，却疑春色在邻家。

前两句是对仗，也是对比。雨前充满期待，雨后大失所望。

后两句很幽默。蜜蜂、蝴蝶当然是哪儿有花去哪儿，所以啊，原本在诗人家的蜜蜂、蝴蝶——都到邻居家去了。这样的表达，多么可爱啊！

对于王驾的《雨晴》，大家都解释得很好！很多同学想到了孟浩然《春晓》中的"夜来风雨声，花落知多少"。

还有不少同学想到了"蝴蝶是会飞的花，花是不会飞的蝴蝶"。

他们说：一场春雨过后，会飞的花和不会飞的花都抛弃诗人，到邻家去了；诗人觉得自己被春色遗忘了。多么值得同情！

老师补充：王驾因此写出《雨晴》，把对花朵的疼惜、对春色的热爱永远留在了文字里。心中的春天，才是最美、最有力量的。这就像《游园不值》："春色满园关不住"啊——"春色在心飞不去"！

"却疑春色在邻家"的"疑"字，多么妙！

最富与最穷的人的差别，只在于一整天的饥饿和一个钟头的干渴。（《沙与沫》）

昨天让大家诵读的《沙与沫》，这一段比较难理解。

黄子轩等同学一眼就看出，富人不可能整天挨饿！所以这里的"饥饿"和"干渴"不是表面意思，而是在形容一种感觉——缺乏的感觉。

老师受到了同学们的启发！受到启发的老师补充如下：

"饥饿"和"干渴"形容的是什么感觉呢？形容的是对自己不满意，并希望通过努力改变生活状况的感觉。富人之所以富有，就是因为他的不满长久而真实，然后他会把不满变成努力，让自己的生活越来越好。"一整天的饥饿"代表长久而真实的动力。

当然，这里的富人是诚恳勤勉、通过劳动致富的人。穷人之所以贫穷，恰恰是因为他缺乏富人那种自律和动力。西方有一句谚语："穷人的财富是清新的空气和干净的水。"在纪伯伦那个时代，感到口渴的时候，走一个小时就能找到水源，问题就解决了！"一个钟头的干渴"表示穷人也有决心改变命运的时候，但那只是一时的冲动，不能转变为持久的行动。

当然，这里的穷人，指的是因懒致贫的人。

就拿我们的"在家读诗"课程来说吧，有些同学从 2 月 12 日开始，每一篇都认真诵读、抄写和批注了。一个月下来，他们已经养成习惯，在自主阅读整本书的时候，也会情不自禁地在自己的书上做批注。比如陈潇颖同学，边读边批注《呼兰河传》。

而另一些同学呢，只有在受到老师的表扬或批评的时候，才会因为受到激励或刺激，认真做一次或两次批注，好像这样的学习是帮老师做的。到复学的时候，同学们在阅读、思考和书面表达的能力上，就分出"富"和"穷"了！

我们常常从我们的明天预支了来偿付我们昨天的债负。（《沙与沫》）

这段话相对容易理解，和《明日歌》是一个意思。

今日诵读作业

· 《墨水瓶》，诵读 3 遍，抄写 1 遍。
· 《社日》，诵读 5 遍，抄写 1 遍。

　　仔细阅读注释，认真学习其中有关传统文化的典故。

　　自由批注。

3月14日 / 墨水里的阳光与轻风

亲爱的孩子们:

上午好!

老师收到 66 份批注作业。

下面老师讲讲贾尼·罗大里的《墨水瓶》。

墨水瓶

〔意〕贾尼·罗大里 | 邢文建　荓菡 / 译

多么美的诗句,

如果能用

一束阳光来写。

多么纯净的诗句,

如果能用

一丝轻风来写。

在墨水瓶底,

隐藏着宝物,

配上最黑的墨水,

就能写下灿烂的词句。

《墨水瓶》有三节，前两节结构相同，意思一致。阳光写成的诗，五彩缤纷最美丽；轻风写成的诗，清洁灵动多纯净！然而这都是想象，前两节的重点是"如果能用"。重复出现的"如果能用"既是期待，又有遗憾。于是有了第三节。

"灿烂"就是美、纯净、光明。墨水写成的灿烂诗句，实际是诗人创造性劳动的成果。

老师想起课文《剪枝的学问》。在王大伯那里，泥土就是藏着宝物的宝库。

泥土里藏着灿烂的桃花、甘美的桃子！让这一切发生的，是王大伯剪枝的学问，还有他的勤劳。

罗大里的墨水瓶里装了什么？《电话里的童话》《洋葱头历险记》《开满鲜花的头》《星际间的游戏》《需要什么》《新年》……罗大里的墨水瓶里，不就藏着宝物吗？罗大里的诗句，不就包含着阳光的灿烂、轻风的纯净吗？

周同、马宇轩、韩妙可、居馨蕾、朱雨杭、吴媛媛、罗婧妍、罗雅诗、管继航，这些同学说得好：我们的墨水瓶里也藏着宝物，那就是我们的抄写和批注。而我们读到的这些诗篇，就是我们的阳光和轻风！

社日

[唐] 王驾

鹅湖山下稻粱肥，豚栅鸡栖半掩扉。
桑柘影斜春社散，家家扶得醉人归。

同学们发来的批注说明大家细读注释了。逐句翻译诗句，是同学们喜欢的事情。下面是老师吸收大家的意见做的一次翻译，看看你们各自的意见藏在哪里——

鹅湖山很美！鹅湖山下的稻谷、高粱长得茁壮。鹅湖也很美！鹅湖上漂游着成群的白鹅。村里家家户户都有猪圈和鸡舍，里面养着肥猪和肥鸡。

这一天，村民们都去参加春社、聚餐了；家家都是半掩着门，根本不担心安全问题。因为风调雨顺，世道太平，乡村没有小偷，人们安居乐业。夕阳西下，桑树和柘树婆娑的影子在地上伸展，每家每户的小孩都扶着喝醉了的爸爸、爷爷回家去！

陈潇颖等同学还想到了有关门扉的诗句：

山中相送罢，日暮掩柴扉。（王维《送别》）
柴门闻犬吠，风雪夜归人。（刘长卿《逢雪宿芙蓉山主人》）
应怜屐齿印苍苔，小扣柴扉久不开。（叶绍翁《游园不值》）
窗含西岭千秋雪，门泊东吴万里船。（杜甫《绝句》）

这让老师受到启发。诗中的门扉，往往也是心灵和情感的门扉啊！大家再找找，看看老师说得对不对。

古典诗歌是押韵的文体，"斜"字作为韵脚的时候，我们可以拟读"xiá"。

· 《自沙县抵龙溪县,值泉州军过后,村落皆空,因有一绝》,诵读 3 遍,抄写 1 遍。

自由批注。

3月15日 / 千村万落如寒食

亲爱的孩子们：

上午好！

老师收到 35 份批注作业。

自沙县抵龙溪县，值泉州军过后，村落皆空，因有一绝

〔唐〕韩偓

水自潺湲日自斜，尽无鸡犬有鸣鸦。

千村万落如寒食，不见人烟空见花。

诗题相当于一段小古文，很多同学都把批注的重点放在解释题意上。

这也是一种宝贵的学习能力，就是知道重点、难点，抓住重点、难点。

下面是老师的题解，大家对一下，意思相同就好——

我从沙县抵达龙溪县，当我到达龙溪县的时候，泉州军刚从这里经过。泉州军劫掠过后，所有的村落都变得空荡荡的！于是我有感而发，写下了这首绝句。

表扬焦雯娜，她收集了关于"安史之乱"的资料。

表扬吴媛媛，她解释了寒食节和介子推的典故。

· 《梦中的动物和植物》，诵读 3 遍，抄写 1 遍。

自由批注。

3 月 16 日 / 并非荒唐的梦

亲爱的孩子们:

上午好!

老师收到 55 份批注作业。

我们今天说一说《梦中的动物和植物》这首诗。

梦中的动物和植物

张晓楠

我梦见,鱼儿

是长在棵子上的

像小青椒

像小红椒

等着我们去采

想跑也跑不掉

我梦见,辣椒

是生在池塘里的

像小鲤鱼

像小鲫鱼

在秋天的水域

游来游去

小燕子，长了
四条腿儿
在田野里疯跑
小兔子，长出
一对翅膀
在空中飞啊飞

连小茄子，都是
飘在空中的
像紫色的气球
吹大就大
吹小就小

花生，是挂在
树条上的
一串一串
像迷人的风铃
摇来摇去

我还梦见
我和我的伙伴们
全长成了

整齐的玉米

腰间，别着手枪

威风又神气

诵读《梦中的动物和植物》时，很多同学想起了《公鸡生蛋》和《颠倒歌》。《颠倒歌》：

东西街，南北走，

出门看见人咬狗。

拿起狗来打砖头，

又被砖头咬了手。

稀奇稀奇真稀奇，

麻雀踩死老母鸡。

蚂蚁身长三尺六，

老爷爷躺在摇篮里。

同学们，读了《梦中的动物和植物》这首诗后，你们是否因此想起了自己做过的梦？

你们做过诗人张晓楠这样的梦吗？主题集中，隐藏逻辑，并且梦中的变化成对出现！

鱼儿和辣椒是一对，水生动物和陆生植物，生长环境对调。

小燕子和小兔子是一对，都是动物，运动方式对调。

小茄子和花生是一对，都是植物，都离开了原本生长的位置。茎上的茄子变成气球飘到空中，藏在地里的花生则挂到树条上，成为风铃。

看起来荒唐，但它们之间又有着明显的内在逻辑。贯穿全诗的主题是动植物们对于自由的追求，对于变化的渴望。荒唐吗？这难道不正是每一个孩子的梦想？上幼儿园的时候，谁没有梦想过成为孙悟空，能七十二变，会翻筋斗云？于是，结尾一节非常自然、非常必然地写到了"我"，写到"我还梦见"——

> 我和我的伙伴们
>
> 全长成了
>
> 整齐的玉米
>
> 腰间，别着手枪
>
> 威风又神气

这里藏着比喻。大家到过玉米地吗？茁壮丰硕的玉米棵子，多像整齐的军队！

因此，我们可以说这不是真实的梦境，因为真梦可能不会这样有逻辑、成"系列"。

但是，这又是多么真实的"童年梦"！诗人借梦传达孩子的心愿：期盼遇见一个自由、神奇、丰富的世界，向往拥有一种更为自由、神奇、丰富的生活。世界上绝大多数发明创造都是由各种幻想开始的。于是潜水艇就是人变成了深水鱼；滑翔机就是人长出了翅膀；热气球呢，则是人变成了气球。

　　希望同学们好好消化老师的讲课内容，并且回读这首可爱的诗。请大家和老师一起诵读张晓楠老师的《晒花生》。《晒花生》分明也是一通梦话。老师的理解是：诗中的花生既是张晓楠，也是读到《晒花生》并被感动的我们。

晒花生
张晓楠

这些谁见谁爱的

麻脸先生，你们

有两颗

还是三颗，粉色的心

现在，我把你们

从母体上

揪出来，然后

一队队排开

让风儿

给你们上课吧

让太阳

给你们上课吧

你们比一只只

硕大的葫芦

可爱多了

你们比一只只

炸裂的豆荚

幸运多了

麻子是治不好了

但可以

让心坚强

有坚强的心，就能

把香甜的

人生，摇响

3月17日 / 可怜无定河边骨

亲爱的孩子们:

上午好!

老师收到35份批注作业。这是35朵从渴望成长的心里开出的花!

陇西行（其二）

[唐] 陈陶

誓扫匈奴不顾身，五千貂锦丧胡尘。

可怜无定河边骨，犹是春闺梦里人。

关于陈陶的《陇西行（其二）》，需要解释的是"胡尘"一词。大家还记得岑参的《走马川行奉送封大夫出师西征》中的这几句吗?

匈奴草黄马正肥，

金山西见烟尘飞，

汉家大将西出师。

这里的"烟尘"，就是陈陶说的"胡尘"，是战马疾驰扬起的灰尘。匈奴是游牧民族，战士都是骑兵，而且几乎全民皆兵。胡儿十岁就会骑马，匈奴骑兵扬起的尘土，就叫"胡尘"。对唐人来说，

"胡尘"意味着入侵与掠夺。反过来，"胡尘"也可以用来代表匈奴骑兵。

"五千貂锦丧胡尘"，意思是唐人的精锐部队被匈奴骑兵团灭，五千将士全军覆没，多么惨烈！因为这不是普通军队，而是中原朝廷的精锐，相当于汉代身着貂裘锦衣的羽林军。

羽林军是执行最高警卫任务的皇帝禁军。羽林军的将士个个都是百里挑一的精英，个个都正值生命中最美好的年华，个个都有着深爱的家人。每一个牺牲的将士，可能都撇下了家中守望的爱人，还有父母和儿女！他们哪里知道，自己夜夜梦见的亲人，已经成了无定河边的白骨——"可怜无定河边骨，犹是春闺梦里人"。

可叹的是，告别亲人，离家出征的时候，将士们发誓要消灭来犯之敌。他们个个都是怀着必胜的信心，奋不顾身地奔赴战场的！——"誓扫匈奴不顾身"。

第一句和后三句形成强烈对比，令人震撼，也令人痛心。哪一个奔赴战场的士兵不是求胜若渴、盼望建功立业呢？可结果……战争就是这么残酷。但是，如果中原朝廷的军队胜利了，匈奴家庭也一样悲惨啊。所以，让我们珍惜和平吧！

这是一首仄起七言律绝，大家细读，品味整首诗低回悲伤的情绪。

今日诵读作业

· 《全世界都在对我微笑》，诵读 3 遍，抄写 1 遍。

· 《沙与沫》精选（14），诵读 3 遍，抄写 1 遍。

自由批注。

3月18日 / 全世界都在对我微笑

亲爱的孩子们：

上午好！

老师收到 55 份批注作业，作业的质量参差不齐。老师最在意的是同学们对待作业的态度，老师一眼就能看出每个人的态度。

我们先说昨天大家诵读的两段《沙与沫》。比较难懂的是第一段——

让那个把脏手在你衣服上擦的人，把你的衣服拿走吧。他也许还需要那件衣服，你却一定不会再要了。（《沙与沫》）

许臻男的批注是：这一段说的是慷慨和施予。不过这种施予的方式，有些不合情理；这种索要的方式，也让人觉得不舒服。

罗荣臻的批注是：我愿意洗干净了自己穿，因为我也需要那件衣服。

不少同学结合第二段，推测第一段的"脏手"代表不干净的事情，脏衣服代表被污染的思想。这让老师想起自己常说的话：当别人用脏话骂你的时候，如果你回骂，就是被骂着了！你就上当了，成为和他一样的"脏人"了！如果你能充耳不闻，保持平静，那个人说的字字句句就都是在骂他自己，而你却保持了自己的清洁和尊严。

户玉彤的批注是：对这些"脏人"，敬而远之是最好的自我保护方式，也是最好的反击。有的人会认为这是一种软弱的行为，以为自己吃亏了——让别人拿走了被污染的脏衣服。但很多事情是不能两全其美的，有些选择是不能避免的。我宁肯失去一件衣服，也不愿意沾染上那个人的脏！

看到同学们对这段内容的理解，老师很开心！

请你不要以后天的德行来粉饰你的先天的缺陷。我宁愿有缺陷，这些缺陷和我自己的一样。（《沙与沫》）

第二段的关键词是"粉饰"。

什么叫粉饰？就是涂饰表面，以图掩盖。比如，有的人往自己的脸上涂上一层厚厚的粉，让自己看起来白净、美丽、健康。严格来说，这是伪装和懒惰。因为真正的健美是由内而外的，是需要付出努力的。

郭伟豪的批注是：缺陷无须粉饰，没有缺陷是不正常的。有缺陷才有特点。

我们为什么厌恶网红脸？就是因为他们经过粉饰和整容，没有了特点，没有了诚恳、自信和生动。

注意这里的"缺陷"，指的是先天的缺陷。宁愿有缺陷，也不要有错不改、不求进取。

抛开"后天的德行"不说，老师说说粉饰的害处：

巴斯蒂安，先天长得矮胖，不擅长运动。来到幻想王国后，他借用奥林的力量，把自己变成英俊矫健、英勇无畏、无所不能的救世主。结果，差点儿成为白痴，永远住在旧皇帝城里。

这就是作者对粉饰缺陷、自欺欺人、掩耳盗铃等行为的讽刺。粉饰让巴斯蒂安忘记自己的姓名和来处，丧失原本拥有的东西，并差一点儿成为植物人，再也回不到来处。

与之相反的是"失落的一角"，失落了一角的他直面自己的缺陷，把缺陷变成前进的动力：他因为失落了一角，很不开心，所以走遍天下去寻找。他经历各种险境，行过各种地貌，见识大千世界，交了很多朋友。最后，他终于明白，正是因为失落了一角，他才拥有了这样丰富的经历！正是那看不见的失落的一角，带着他走向远方，走过一段找到自己的成长之路！

像这样的例子还有很多：《舞会皇后》里的灰色，《风鞋与火鞋》里的胖傻吉姆，《田鼠阿佛》里的阿佛……

我宁愿有缺陷，这些缺陷和我自己的一样。（《沙与沫》）

朱陈露的批注是：这话有毛病，完全是废话。

老师要表扬朱陈露，因为全班只有朱陈露注意到这一句。

朱陈露啊，纪伯伦的意思是：朋友啊！我宁愿你有缺陷。我把你的缺陷看成和我的缺陷一样。我接受自己的缺陷，也不粉饰自己的缺陷。所以，请你也不要粉饰。

说完《沙与沫》，回头再读这首童诗，就容易得多。

全世界都在对我微笑

洪建全

今天，我偷偷做了一件事，
于是，全世界突然对我微笑起来。
绿树对我招手，
花儿对我挤眼，
小鸟儿在枝头吱喳叫，
小草儿们弯腰齐声问我好。

而我只不过暗暗下了决心：
从今要做个好孩子，
就这样，突然间，
全世界都在对我微笑。

朱雨杭等同学指出：这首诗运用了倒叙的手法。第一节设下悬念，引起读者的好奇；第二节则给出了答案。

不少同学都抓住了关键词——"微笑"。

我们可以想象：当一个小朋友暗下决心，要做个好孩子的那一瞬，不光他自己笑了，他同时感觉全世界都在对他微笑。这是同时发生的，因为我们每个人和世界是一个整体。

老师说说自己的经历。当走过草地，每每看到小鸟在嬉戏时，老师会像《秘密花园》里的肯特一样，瞬间变得小心翼翼。如果那些鸟没有感到惊扰，看到老师了还接着玩儿，老师就感觉自己受到了祝福，觉得那些鸟儿懂得老师的善良！那一刻，老师特别喜欢自己！

人总是会情不自禁地在别人面前装好人，却不会在花草鸟兽面前装模作样。

这就是为什么第一节里，代表全世界向"我"微笑的，一定是绿树、花儿、小鸟、小草！因为这一次是他自己决心做个好孩子——"暗暗下了决心"可不是说给别人听的，这是一定会落实为行动的真诚心愿。

第一节的"偷偷"和第二节的"暗暗"呼应。不过老师觉得，"偷偷"改为"悄悄"似乎会更好些。大家觉得呢？

我们在这世上所做的每一件好事，都是从一个良好的心愿开始的，否则就是欺骗和粉饰。狄金森的《如果我能使一颗心免于哀伤》，贾尼·罗大里的《新年》，都是这样的心愿。大家还记得《新年》的结尾吗？我们来重温一遍——

如果我要求太多就会一无所获，

我只要一张快乐的笑脸。

千万不要小看微笑。微笑是种子，微笑是对自己和世界发出的爱的信号。

亲爱的孩子们，从今天起，做爱微笑的人吧！

下面说一说同学们对待作业的态度问题：

请大家观摩这些同学的作业：王浩然、陈潇颖、管继航、简昊阳、黄子轩。

有一位同学的作业始终没有署名，就是照片上用手扶着作业的那一位。

请注意上传图片的清晰度。

今日诵读作业

·《寒食》，诵读 5 遍，抄写 1 遍。

自由批注。

3月19日 / 寒食东风御柳斜

亲爱的孩子们：

上午好！老师收到 38 份批注作业。杨牧野、李瑞琪两位同学的作业有进步。

寒食

[唐] 韩翃

春城无处不飞花，寒食东风御柳斜。

日暮汉宫传蜡烛，轻烟散入五侯家。

《寒食》是一首平起七言律绝。结合注释，同学们逐句翻译得很好。大家对寒食节的由来有了清晰的了解，对晋文公、介子推更加熟悉了。因为在 3 月 15 日解析过的那首题目超长的仄起七言律绝里，我们已经遇到"寒食"一词。不过韩偓写的不是寒食节风俗，而是"千村万落如寒食"的惨状。

重温《自沙县抵龙溪县，值泉州军过后，村落皆空，因有一绝》，我们可以对比这两首与"寒食"有关的诗，对比诗人们所见所感的巨大不同：对比"春城无处不飞花"与"不见人烟空见花"、"寒食东风御柳斜"与"千村万落如寒食"，对比"日暮汉宫传蜡烛"与"水自潺湲日自斜"、"轻烟散入五侯家"与"尽无鸡犬有鸣鸦"。

　　请大家观摩这几位同学的批注：户玉彤、朱雨杭、焦雯娜、马成浩、郭伟豪，并和自己的批注做对比。

今日诵读作业

· 《病人在几层》，诵读 3 遍，抄写 1 遍。
· 《给我的尊师安徒生（其一）》，诵读 3 遍，抄写 1 遍。

　　自由批注。

3月20日（春分） / 所有人的尊师，所有人的安徒生

亲爱的孩子们！

上午好！

老师收到 55 份批注作业。

我们先说《病人在几层》。

病人在几层

[南斯拉夫] 布兰科·乔皮奇特 | 韦苇 / 译

著名的亚娜医生，
家里电话响个不停。

"喂！喂！亚娜大夫，
有个客人，嗓子得了急病。"

"客人，什么客人？
是外国人吗？"

"对对，一点不错。
是刚从非洲来的！"

“我马上就去，

快告诉我：什么地方？

在几层？”

“几层？嗯嗯……

他病得很厉害，可能是二层或者三层。”

亚娜大夫觉得奇怪，

“什么什么，到底是几层？”

“对不起，大夫，

我实在说不清楚。

我们这儿是动物园，

一个长颈鹿突然嗓子疼，

他站在大楼旁边，

疼处可能在二层或者三层。”

　　有没有发现，这首诗的题目就很抓人眼球，很能激发我们的阅读兴趣？所以，题目是很重要的！写自命题作文的时候，拟一个好题目就好比一个人拥有开阔的额头、明亮的眼睛，魅力十足。

　　这首诗在写法上像《全世界都在对我微笑》，也用了倒叙手法。这样误会就发生了，有趣的故事就产生了。

　　有专门给人看病的医生，也有专门给动物看病的医生。按照常理，来自动物园的电话肯定是打给兽医的，但作者故意不点明，就是为了编织下面的对话，从而编出一则由对话组成的小故事。饲养员一般不会犯这种低级错误，生活中也不会发生这种无厘头的事。但这是多么有趣的一首诗、一则小童话呀！大家想象一下，如果在课堂上诵读，它会给我们带来多少欢声笑语！

陈潇颖的批注是：这首诗可以叫作《电话里的童话》。

管继航的批注是：这首诗让我想到了诗人商禽写的《5》。

周同的批注是：因为情况紧急，所以来不及说明；因为开头没说清楚，反而话越说越多！

这都是很有趣的解读。

给我的尊师安徒生（其一）

顾城

你推动木刨，
像驾驶着独木舟，
在那平滑的海上，
缓缓漂流……

刨花像浪花散开，
消逝在海天尽头；
木纹像波动的诗行，

带来岁月的问候。

没有旗帜，

没有金银、彩绸，

但全世界的帝王，

也不会比你富有。

你运载着一个天国，

运载着花和梦的气球，

所有纯美的童心，

都是你的港口。

这是一首组诗中的第一首，由此可以看出，顾城对于安徒生的崇敬之情多么深厚，多么丰沛！

郭伟豪的批注是：顾城和安徒生都曾当过笨拙的木匠，这就让他们更能心意相通。

这让老师想起我们诵读《离骚》开篇时进行的讨论。管继航等同学说："我也属虎！"很多同学说："我们也有嘉名。父母的期待，老师的关爱，优秀的传统文化……这些都是我们生来就拥有的内在美！我们跟屈原很相像！"

回到《给我的尊师安徒生（其一）》。诗人抓住木匠工作的具体动作，从推木刨开始——推出一条船，推进一片海，推出船上的天国，推进一个个美丽港口……港口是什么？港口在哪里？亲爱的同学们啊！这些港口就是读过安徒生童话，喜欢安徒生童话，曾经拥着安徒生童话入睡的我们！

请大家再好好读一读这首诗，找出那条从生活到童话的转化线索。

对于一个曾经做过木匠的诗人而言，写作就好比推木刨，推木刨就像划独木舟。这是相当平常的联想和比喻。然而紧接着奇迹就发生了：木刨推出了平滑的海！刨花好像浪花，消逝在海天的尽头；至于美丽的木纹，当然就是携带岁月问候的诗行！

大家见过木工推刨子吗？那场景美极了，梦幻极了！木工一气呵成，将长长的、宽宽的木板推得平滑如海；一卷卷刨花从木刨前端上方的刀口有节奏地吐出，好像在跳舞，美丽又芬芳；与此同时，木纹在木刨行过的地方浮现，像从很深的沉默里发出的歌声。

还记得狄金森的诗《没有一艘船能像一本书》吗？

在顾城心里，安徒生的童话就是神奇的独木舟，载着我们去远方，去到现实中不存在的远方，去到人人心中向往的地方。

而顾城的这首小诗，就是一篇童话，一艘船。

——有谁查地图了？大家到北欧找到丹麦，注意丹麦的地形——像不像一艘细长的独木舟啊？北海是丹麦这艘独木舟的港口，也是安徒生童话出发的港口。从这里，安徒生童话出北海，进入大西洋，过印度洋，过太平洋来到了我们的心中。

第三节很好理解：这朴素的船最神奇，也最富有。丹麦自古以来就是一个王国，可是，哪一位同学能够说出一个丹麦国王的名字？哪一位同学没有听过安徒生童话，不喜欢安徒生童话？国王掌控的是终将失去的财富和权力；而安徒生拥有的，是全世界孩子的心。

安徒生去世一百四十多年了。老师相信，只要有人类，只要这世上还有孩子，就有人聆听安徒生，朗读安徒生童话，并从安徒生那里得到安慰和力量！

陈潇颖同学列举自己读过的安徒生童话：《豌豆上的公主》《一个豆荚里的五粒豆》《丑小鸭》《打火匣》《皇帝的新装》《拇指姑娘》《小意达的花儿》《海的女儿》……

陈潇颖说：这都是独木舟运载的天国。无论遇到怎样的黑暗和痛苦，我们的心里始终有鲜花和气球。

黄子轩同学说得好："尊师"不是随便说的，除了崇敬和喜爱，还得像安徒生一样有童心、有想象力，和安徒生一样写出美丽的诗歌和童话，才有资格称呼安徒生为尊师。

综合陈潇颖和黄子轩同学的批注，老师列举一下我们一起读过的顾城的诗歌：《安慰》《准备》《一代人》《绿草地》《割草归来》。还记得我们诵读、讨论时的感觉吗？那感觉就像去到一个个童话世界！与安徒生的奇幻色彩形成对比的是，顾城写的都是生活中真实发生的小事，是身边日常的景象。

这是顾城和安徒生既相同又不同的地方，这也是每一个老师期待看到的啊！所以，尽管安徒生去世一百四十多年了，且远在丹麦；尽管顾城从没有见过安徒生，但凭借那些童话般的小诗，他就可以称呼安徒生为"我的尊师"！

安徒生的童话也是诗歌。尤其是《丑小鸭》！请大家诵读《丑小鸭》的结尾。因为读过无数遍，老师都会背诵了：

要是只讲他在这严冬所受到的困苦和灾难，那么这个故事也就太悲惨了。当太阳又开始温暖地照着的时候，他正躺在沼泽地的芦苇里。百灵鸟唱起歌来了——这是一个美丽的春天。

············

今日诵读作业

·《沙与沫》精选（15），诵读 3 遍，抄写 1 遍。

自由批注。

3月21日 / 如果心是一座火山

亲爱的孩子们：

春天好啊！

老师收到 43 份批注作业，很开心！

我们说《给我的尊师安徒生（其一）》也是一个童话，这个童话是从第一个比喻中的独木舟开始的。有了独木舟，就有了海平面、浪花、船行过的水纹、船上装载的东西、独木舟停靠的港口……之后的一切，都是跟着独木舟来的。

诗人用想象编织童话，而这个想象是从他对安徒生的热爱里产生出来的。

下面老师要做的，就是根据同学们的批注，编一出课本剧。

开始了！

只有在我以下的人，能忌妒我或憎恨我。我从来没有被妒忌或憎恨过，我不在任何人之上。只有在我以上的人，能称赞我或轻蔑我。我从来没有被称赞或轻蔑过，我不在任何人之下。

在自卫中我常常憎恨；但是如果我是一个比较坚强的人，我就不必使用这样的武器。（《沙与沫》）

李欣冉的批注是：我可以用一句话概括第一段，那就是人和人是平等的！

同学们纷纷表示赞同：是的！无论贫富，是官是民，学历高低，长得漂不漂亮，头脑聪不聪明……人人都是平等的。

　　老师给的反馈是：平等指的是法律和人格上的平等。所以大家都要遵纪守法，在日常相处的时候要以礼相待。你们怎样看待老师在课堂上的表扬和批评？老师的表扬和批评是否违反了平等相待的原则？

　　经过讨论，同学们达成了共识：人和人在法律和人格上是平等的，但事实上由于先天条件和后天努力的不同，就算是一个班的同学，几年之后，在知识水平、道德境界、生活能力、自律能力、人格魅力等方面也会分出高低上下。

　　老师用表扬和批评来警醒、鞭策大家，就是希望同学们力争上游，成为优秀的人、可爱的人，成为能够为自己和别人带来更多幸福的人！老师因人施教，该表扬的表扬，该批评的批评，就是从平等的爱心出发的平等待人！

　　作为学生，你们既要重视老师的表扬和批评，也要重视同学的好恶，从而扬长避短，成为会爱和可爱的人。因为爱也是一门需要学习的艺术。

　　请大家诵读第一段，体会纪伯伦的语气和心情。

　　全班读："只有在我以下的人，能忌妒我或憎恨我。我从来没有被妒忌或憎恨过，我不在任何人之上。只有在我以上的人，能称赞我或轻蔑我。我从来没有被称赞或轻蔑过，我不在任何人之下。"

花泽名赫：这是一个无人了解的人，他的心中充满了不平，也许还有憎恨！我是从他的语气里读到的。

李嘉桐、吴振宇：纪伯伦的话说得太绝对了。他的语言里充满了愤愤不平。凭什么只有在他之下的人才能憎恨他？凭什么只有在他之上的人才能称赞他？当纪伯伦这样说的时候，心中已经先把人分成了高低上下。我们听一个人说话，不光要听他说了什么，还要看他是用什么语气说的。

陶张勇：我觉得这是一个骄傲的人，一点儿都不谦虚。他连别人的称赞都拒绝，别人的批评他更听不进去。

黄博锐：我猜作者曾经历过忌妒和憎恨、称赞和轻蔑。他兴奋过，也痛苦过，受过伤。所以他才会这么说。纪伯伦其实是痛苦的，我不想成为跟他一样的人，我想成为跟毛毛一样的人。因为毛毛也曾经历过孤独和痛苦，但毛毛一直保持着她的平静和慈悲！

杨牧野：这时候的纪伯伦已经是个名人了，这时候他只想做个普通人。

吴媛媛：我全部的努力都是想让自己变得优秀和出色！我希望人家能忌妒我，忌妒说明我很厉害！我希望得到称赞。如果别人憎恨或轻蔑我，我会难过，我会反省，我会改正。我不会像纪伯伦这样，老惦记着谁在上谁在下。这太可笑了！

周同：不要太在意别人怎么说。一心一意做好自己，做好自己的事情，让别人说去吧！有些人就是喜欢说长道短。

老师大笑，然后说：横看成岭侧成峰，远近高低各不同。所以我们要各抒己见，彼此聆听。第一段说明白了，第二段就容易理解了。

我常常在自卫中憎恨；但是，如果我是一个比较坚强的人，我就不必使用憎恨这样的"武器"。

管继航：面对危险的时候，当然应该奋起自卫，但不能够憎恨。因为前面说了，谁怀恨在心，谁就是下等人；就不坚强，就是不够智慧的人。

陈潇颖：我想起了巴斯蒂安和阿特莱尤，当巴斯蒂安企图杀害阿特莱尤的时候，阿特莱尤不得不奋起自卫，但心里不是怨恨，而是忧伤。但巴斯蒂安是心怀憎恨的。他们两个谁高尚，谁坚强，是不言而喻的。老师说过，平静来自内心的强大！

黄子轩：心怀憎恨就会判断失误，心怀憎恨就会防卫过当。"武装"的"武"，原本是有一撇的，那一撇是一把刀。真正功夫深厚、内心强大的人，不需要那一把刀。

老师问："那是一把怎样的刀？用文中的一个词来回答我。"

全班同学："憎恨！那把刀就是憎恨。恨别人，其实就是恨自己。恨自己弱小，恨自己不够坚强！所有对别人的仇恨都会回到自己的身上，所有对别人的仇恨都是起源于对自己的不满和憎恨！"

老师激动地说："此时此刻，我想起了纪伯伦的话。老师起头，看大家能不能接上：'如果你的心是一座火山的话'……"

全班同学："你怎能指望会从你的手里开出花朵来呢？"

老师："当你背向太阳的时候，你只能看到自己的影子。"

全班同学："撒下一粒种子，大地会给你一朵花！"

亲爱的孩子们，老师这段时间有点儿累了，就不布置作业了，休息三天。

3月25日 / 我们去走这条路吧

亲爱的孩子们:

春天好!

老师收到48份批注作业。今天我们先说金子美铃的《这条路》。

这条路

[日] 金子美铃 | 吴菲 / 译

这条路的尽头,

会有大片的森林吧?

孤单的朴树啊,

我们去走这条路吧。

这条路的尽头,

会有广阔的大海吧?

荷塘里的青蛙啊,

我们去走这条路吧。

这条路的尽头,

会有繁华的都会吧?

寂寞的稻草人啊,

我们去走这条路吧。

这条路的尽头，
一定会有什么吧？
大伙儿一块儿去吧。
我们去走这条路吧。

老师万分惊喜地看到，很多同学的批注不再是简单的点评，而是一段一段详尽而全面的论述，就像老师在讲课。很多同学在仿写中不约而同地说道：

这条路的尽头，
会有知识和快乐吧？
孤单寂寞的同学啊，
我们来走这条路吧。

这让老师感动了！于是老师和道：

四（3）班的孩子们啊！我们来走这条路吧！
从2月12日开始的"在家读诗"，就是这样的一条路啊！
不知不觉，16个单元，80首诗，我们就快走到终点了！
踏踏实实走过这条路的同学，一定走出了孤单寂寞，
一定收获了成长的快乐，还有自学的能力吧！

老师综合大家的批注，做一个集中分享：

全诗共有四节。每节开头重复出现的是"这条路的尽头"，每节结尾重复出现的是"我们去走这条路吧"。重复又重复的，正是点了题的"这条路"！

"这条路"意味着什么？意味着诱惑，也意味着渴望和冲动——想出去游历、见识、学习，想离开当下的环境，想改变当下的生活。

为什么想离开？为什么要改变？因为"孤单"，因为"寂寞"，因为对"广阔""繁华"世界的向往。这是诗人没有明说的，但它又明明藏在诗句里面。

同学们说得好：朴树的孤单，稻草人的寂寞，其实就是金子美铃的孤单、寂寞；"青蛙"对广阔的大海的向往，稻草人对繁华都会的向往，其实也是金子美铃的向往。这种孤单、寂寞和向往，我们在金子美铃的其他小诗里也常常读到，比如《草原》《星星和蒲公英》《沙的王国》《小石头》《树》《露珠》《积雪》……

请大家重温金子美铃的诗。注意，她的语气都是温柔的、请求式的、商量式的、细弱的，如下面这首《露珠》——

谁都不要告诉

好吗？

清晨

庭院角落里，

花儿

悄悄掉眼泪的事。

万一这事

说出去了，

传到

蜜蜂的耳朵里，

它会像

做了亏心事一样，

飞回去

还蜂蜜的。

　　我们从这样的句子和语气中，可以猜到诗人的心情。我们会产生同情，同时也会感到敬佩！因为这样的诗，含着痛苦，也带着善良、坚强和对幸福快乐的渴望——从而给孤单、寂寞的人带去陪伴感和温暖。

　　很多同学看出了，《这条路》有四节，跟《梦中的动物和植物》一样，也是"n+1"的结构。前三节是同一层意思的反复，通过召唤朴树、青蛙和稻草人传达孤单、寂寞的心情，走"这条路"的决心，对友谊的渴望。

会有大片的森林吧？

会有广阔的大海吧？

会有繁华的都会吧？

　　这三句，是猜测，也是希望；饱含诚恳，饱含温存。金子美铃很自然地在最后一节说到了人——"大伙儿"和"我们"。

　　对应于前三节的猜测和希望，第四节说"一定会有什么吧？"，既肯定，又不确定。这是一种很奇特的语气和表达。到底会有什么？其实金子美铃自己也不知道！但一定会有什么！这就像米切尔·恩德《犟龟》里的陶陶，陶陶确信：只要上路，只要走到底，一定会遇上狮王的婚礼，一定会遇上属于自己的盛宴。

　　这也是每一节开头强调"尽头"的原因。那就是一定要走到底！这首诗里的稻草人和远行让老师想起了《绿野仙踪》，金子美铃就是多萝茜。也许，金子美铃是在借《这条路》向《绿野仙踪》致敬。

　　往深里探讨，我们还可以问：

　　前三节为什么是这样的次第？朴树为什么孤单？为什么第一个出现？

　　老师猜啊，这是真实存在的一棵树，就在金子美铃家附近。这一棵树本来就孤单，加上名字总是被人喊错，它的寂寞感就更加深刻了。所以朴树成了诗人的第一个邀请对象！树木出走艰难，最需要时间和耐心。

想想看，一棵树怎么走出去呢？

这样的问题，我们还可以问很多。当我们这样追寻并思考的时候，亲爱的孩子们啊，《这条路》就真的成了一条路！诵读讨论《这条路》就是走上"这条路"，和我们走在一起的有金子美铃，有朴树、青蛙、稻草人，有多萝茜一行……

出发之前，我们不知道路的尽头有什么。但我们确信，这条路的尽头，一定会有什么。

表扬以下对全篇做了批注的同学：简昊阳、李欣冉、黄子轩、黄博锐、李嘉桐、韩妙可、许臻男、郭伟豪、户玉彤、吴媛媛、罗雅诗、管继航。

亲爱的孩子们啊，说完金子美铃的《这条路》，我们再说米尔恩的《小山上的风》就轻松多了！

同学们想到了很多关于"风"的诗：伊萨科夫斯基的《风》、叶圣陶的《风》、洪志明的《晚风》、唐代诗人李峤的《风》，还有无数藏在诗里面的"风"：

随风潜入夜，润物细无声。（杜甫《春夜喜雨》）
夜来风雨声，花落知多少。（孟浩然《春晓》）
儿童散学归来早，忙趁东风放纸鸢。（高鼎《村居》）
谁家玉笛暗飞声，散入春风满洛城。（李白《春夜洛城闻笛》）

还有同学想到了金子美铃的《星星和蒲公英》。"风"是什么？

风和白日里的星星、冬天的蒲公英一样，都是"看不见，但存在着的东西"！

扣住"看不见，但存在着的东西"，丁聪想到了《失落的一角》。丁聪说：米尔恩追赶风，却只能够抓住风的脚印，永远抓不住风！走在漫漫长路上的他也一样。一直在寻找，可是很难抓住。就算找到了，也必须放弃，继续走寻找的路。"失落的一角"在他的心里，在他寻找的路上。对于他来说，"失落的一角"就是"看不见，但存在着的东西"——有些东西看不见，但存在着。

我们读诗，我们批注。我们在干吗？我们就是想捉住那些"看不见，但存在着的东西"。虽然抓不住，但我们在花香、飞鸟、风筝、万物生长中，还有我们的进步中，看见了风的脚印，感受到了风的存在。这多好！

我们也是追风人，我们都是米尔恩！多好啊！

今日诵读作业

·《沙与沫》精选（16），诵读 3 遍，抄写 1 遍。

自由批注。

3月26日 / 等待到达生命的中心

亲爱的孩子们：

雨天好！

老师收到 36 份批注作业。

用唇上的微笑来遮掩眼里的憎恨的人，是多么愚蠢啊！（《沙与沫》）

同学们说：表里不一好比掩耳盗铃，这是自欺欺人。不仅徒劳，而且很愚蠢，还很可笑、很丑陋。我们要做坦荡诚实的人、敢爱敢恨的人。这样不仅诚实，而且心理健康。

我们尽量不要憎恨别人，虽然有些人确实是可恨的！对于这样的人，我们可能要怀着憎恨，敬而远之，并发誓不与他们同流合污。

当你达到生命中心的时候，你会发现你不高过罪人，也不低于先知。（《沙与沫》）

"先知"是什么意思？

理解"先知"，是理解上面这段的关键。请大家查一下《现代汉语词典》，其中对"先知"有两个解释，纪伯伦这里使用的是第二个解释。

让我们用熟悉的人物来举例子：在《永远讲不完的故事》里，漫游山老人就是幻想王国的先知。在《毛毛》里，对身边的小朋友和居民来说，毛毛就是先知；对于毛毛来说呢，侯拉师傅是先知。

先知是拥有极高智慧和预见能力的人。在人群中，先知有点儿像外星人；先知充满同情心，但又绝不迎合人群；先知坚持说真话，但往往带来坏消息。

先知的这种慈悲、冷静、坚定，让他自己处于孤独、艰难甚至危险的状态，因为人们不相信他，甚至憎恨他。

当你达到生命中心的时候，你会发现你不高过罪人，也不低于先知。（《沙与沫》）

这里还有一个重要的词，就是"生命中心"。

"生命中心"这个词，我们在《毛毛》里也见到过，就是指内心最深处。在侯拉师傅的引导下，毛毛到达内心深处，看见了时间之花，明白了生命的真相。

请读过《毛毛》的同学想一想，在那个地方，面对旋开旋落的时间之花，听着美妙的宇宙之乐，毛毛心里有一点点骄傲和优越感吗？有一点点自卑和胆怯吗？

没有。当时毛毛内心充满的是敬畏，还有拯救朋友和世界的渴望。

正是出于这种敬畏和渴望，毛毛听从了侯拉师傅的话，睡觉，等待。毛毛在等待小朋友们觉悟，等待那些话（生命的真理）在心里成熟。

"生命中心"，不是随便什么人都能够到达、都可以到达的，除非得到侯拉师傅的带领。

纪伯伦是在什么情况下写下这句话的？他是否跟毛毛一样到了"生命中心"？我们不知道。我们只是觉得，纪伯伦说话的语气有点儿像先知，所以我们不明白这段话到底是什么意思。这是正常的。

可是这一段引起我们对经典的回忆，诱发了我们重读经典的热情，这就足够了！

我们也要学会"等待"，但"等待"绝不是无所事事，更不是一天又一天错过大好春光。

尽人事，顺天意。只有竭尽全力的人，才有资格说"等待"。

今日诵读作业

· 《从军行（其二）》，诵读 5 遍，抄写 1 遍。

· 《从军行（其四）》，诵读 5 遍，抄写 1 遍。

自由批注。

3 月 27 日 / 总是关山旧别情

亲爱的同学们：

大家好！老师收到 49 份批注作业。

从军行（其二）

[唐] 王昌龄

琵琶起舞换新声，总是关山旧别情。

撩乱边愁听不尽，高高秋月照长城。

这是一首平起七言律绝，情绪和音调相对低回，所以入声字不多，只有三个，且相对均匀地分布在后面三句。

诵读《从军行（其二）》，很多同学想到了岑参的《凉州馆中与诸判官夜集》。二者都写到了琵琶、秋月、别情和边城，所不同的有两点。

第一，王昌龄写的是想象中的长城，岑参写的是他本人在花门楼酒家豪饮的凉州城。第二，王昌龄写的是征人思乡之情，情绪低回，入声字不多，后三句一句一个；岑参写的是渴望建功立业的豪情。

同学们对这两首诗的批注写得很好，值得表扬！

从军行（其四）

〔唐〕王昌龄

青海长云暗雪山，孤城遥望玉门关。

黄沙百战穿金甲，不破楼兰终不还。

这是一首仄起七言律绝。有六个入声字，所以我们诵读起来情绪和音调和前面都不一样。这是一首战歌，后面两句——"黄沙百战穿金甲，不破楼兰终不还"——最有力，也最决绝，所以有四个入声字！

大家再读，注意体会那股咬牙切齿、决一死战的狠劲。双声词"不破"，都是仄声，都是双唇爆破音，加上同句重复的"不"，传达视死如归的勇气。大家是否和老师一样，想起了"誓扫匈奴不顾身，五千貂锦丧胡尘"？

2020 年春天，我们常常在医生、护士的防护服上读到"黄沙百战穿金甲，不破楼兰终不还"这两句，这让老师心中充满悲壮、疼痛。依照原文平仄，老师在心里念叨并祝福：

黄沙百战穿金甲，击破新冠齐凯旋！

那些年轻的护士，他们在各自的父母心里，都是宝贝，是还没长大的孩子啊，怎么一下子就变成钢铁战士了？！正是因为这一场没有硝烟的战争！这就是国歌里唱的：

把我们的血肉，
筑成我们新的长城！

但愿我们不辜负他们的付出。

亲爱的同学们，诵读课程到今天就结束了。请大家保存好这一本《日有所诵》，还有你们的抄写和批注。2020 年的春天太特殊，太难忘！我们用心完成的作业，是一个值得留存的纪念。

诗词索引

现代诗